人人都是
首席质量官

鲍益新 ◎ 著

EVERYONE IS
CQO

华夏出版社
HUAXIA PUBLISHING HOUSE

图书在版编目（CIP）数据

人人都是首席质量官 / 鲍益新著 . -- 北京：华夏出版社，2017.7（2025.3 重印）
ISBN 978-7-5080-9234-8

Ⅰ．①人… Ⅱ．①鲍… Ⅲ．①企业管理 - 质量管理 Ⅳ．① F273.2

中国版本图书馆 CIP 数据核字（2017）第 160322 号

人人都是首席质量官

作　　者	鲍益新
策　　划	陶　鹏
责任编辑	黄　欣
装帧设计	红杉林文化
出版发行	华夏出版社有限公司
经　　销	新华书店
印　　刷	三河市少明印务有限公司
装　　订	三河市少明印务有限公司
版　　次	2017 年 7 月北京第 1 版 2025 年 3 月北京第 6 次印刷
开　　本	880mm×1230mm　1/32
印　　张	7.25
字　　数	110 千字
定　　价	39.00 元

华夏出版社有限公司　地址：北京市东直门外香河园北里 4 号　邮编：100028
网址：www.hxph.com.cn　电话：（010）64618981
若发现本版图书有印装质量问题，请与我社营销中心联系调换。

目 录

推荐序一 / VII

推荐序二 / XI

自　序 / XV

第一章　怎么理解质量

质量不等于客户满意 / 003

质量意识为什么重要 / 006

什么是质量管理 / 017

质量管理的最高境界 / 034

第二章　质量管理的工匠精神

什么是工匠精神 / 039

对兵马俑的思考 / 045

第三章 怎么制定质量策略

何为策略 / 053

客户满意度测量 / 057

四项典型策略 / 061

设计质量月活动 / 073

制定质量 KPI / 077

第四章 质量管控的基本手法

点检表（Checklist）/ 085

目视管控（Visual Control）/ 087

现地现物（Go and See）/ 093

推移图（Trend Chart）/ 096

柏拉图（Pareto Chart）/ 101

五个为什么（5 Whys）/ 104

PDCA 循环 / 109

第五章 解决问题的思路

从提问开始 / 115

丰田八大步骤 / 120

第一次就把事情做对 / 126

沟通、沟通、再沟通 / 129

确认、确认、再确认 / 133

第六章 重大质量事故处理

危机处理的关键 / 139

目 录

  重大质量事故种类 / 143
  成立危机处理小组 / 147
  做好危机复盘 / 154

第七章 质量人才的培育

  质量人才的必要特质 / 161
  培养人才从慎选开始 / 166
  个人的觉悟和修炼 / 174

第八章 质量管理者的领导力

  人比什么都重要 / 185
  易得罪人的质量领导 / 188
  什么是好领导 / 191
  运用整体思维 / 197
  勤思好学，适才适所 / 199
  勇于认错，勇敢无畏 / 201
  将问题简单化 / 204
  耐得住寂寞 / 206

后 记 / 209

推荐序一

质量是原点

读完鲍益新博士的《人人都是首席质量官》,我有遇到知音的感觉。我回想起了我做产品,经营企业的这些年。一些产品、一些教训、一些思考在我的脑海里浮现,这些东西伴随着我和360公司走到今天。现在,我经常跟360公司的员工们讲,你们不用担心你们能赚多少钱,你们需要担心的是你们在360做出了多少真正为用户和社会解决问题的产品。我很高兴地看到,我创业和经营企业这么多年来的很多经验和思考,以及我对公司员工的期待,也可以用鲍博士书里的质量思想进行阐释和表达。

大家都知道,我一直提倡超出期待的用户体验,我曾经推荐过一本书,叫《商业秀》,这本书书名的副标题是"所有的行业都是娱乐业"，娱乐业的核心就是体验，所有的电影、所有的秀能不能成功，就在于它能不能提供一个巨大的、超出预期的情感冲击，提供一个良好的体验。360公司在最近的几年做了很多智能硬件，比如我们的安全手表、行车记录仪，还包括手机等等。我观察到超出期待的用户体验，做软件和做硬件有非常大的不同。做软件进行快速迭代很方便，观察和接收用户的反馈也很容易，如果有bug，迅速改进再推出一个新版本就行了。硬件不一样，硬件生产出厂后，体验基本上就固定了，想再改变这一批产品的用户体验就非常不容易了。所以，对于软件的体验，从零到一、从一到一百可以实现，但对于硬件来说，需要先扎扎实实地做到1，这一步走扎实了，才能再考虑超出期待的问题。

如何保证这个1，这个就是要讲质量了。虽然质量不等于客户满意，但质量不好，客户一定不满意。鲍博士在书里有一个公式，客户满意度=实际值/期望值，这个与我提到的超出期待的用户体验是一个道理。但具体到硬件的产品，用户首先关注的是基本的质量，也就是在功能、外观、服务等方面要令用户基本的满意，而要达到客户超出期待的满意，就需要进一步考虑各种类型的客户在不同场景之下对产品的期望值及其变化。这就需要产品经理的洞察与创新了。我在公司里经常讲，希望360能通过科技和产品的创新来创造新的生活方式和需求，进而创造新的市场。就是这个意思。

质量这个词很有意思，质在前，量在后，这对于生产硬件产品的公司来说,是一个警示,也是一个挑战。硬件公司往往要进行大规模的生产,才能达成规模效应和赢利,所以,量至关重要,但不管量有多么重要,质还是应该在量的前面。有质才有量,有了质,量才有价值。既要大规模生产,又要保证质,这对于制造商来说,就是一个巨大的挑战。如今在大力提倡工匠精神,作为工匠精神的典型,我们往往容易联想到的是一个厨师、一个木匠,一个人专注于一个产品,全心投入,改进到极致,是工匠精神。但是,作为一个组织、一个企业而言,什么是工匠精神,又如何才能具备工匠精神?我认为核心的抓手就在于质量,一个大规模制造的产品,用户拿到手之后还能满意,爱不释手,这不是靠某一个人的努力能实现的,靠的是体系的力量、组织的力量和系统的力量。这种集体工匠精神的形成,必须狠抓质量,员工们都要有质量意识,企业要有质量管理体系。鲍博士的这本书里在这方面有很多的论述,给了我很大的启发。

  360公司从做软件起家,现在又做硬件,并且在人工智能、机器学习方面进行了很多的投入。我们的目标是软硬结合,希望做出来的智能硬件可以真正地与云端的图形图像、视觉处理、自然语言的处理结合在一起,从而更具技术领先和市场竞争力,最终目标是让人们过上更加高质量的生活。

  是为序。

周鸿祎　360公司董事长

推荐序二

富士康集团是从制造代工起家,自1974年开始创业,到今天跨足计算机、通讯、消费性电子等3C产品,以及汽车零组件、通路、云运算服务及新能源、新材料开发应用的研发制造。一路走来,不论面对任何困难、挑战,唯一坚持、不放弃的,对外是客户满意,对内就是品质,因为我们认为把品质做好,客户会愿意用两倍的价格来买我们的产品,而且还很高兴。

品质是富士康业务核心的核心。过去我们靠这个打下了坚实的基础,如今拥有了一百三十万的员工及顶尖的客户群,成为全球最大的电子产业科技制造服务商。未来无论我们往什么方向迈进,追求高品质都将紧密地伴随我们一起。

品质核心竞争力来自我们多年来建立的一套全方位品质管理体系,这也是富士康的四大管制系统(工管、品管、生管、经管)

之一。品质扎根是个基本功,也是个咬紧牙关的水磨工夫,不是随便说说,三、五年就可以看见成效的。除了管理体系外,还要有品质文化。不过我们的品质管理至今仍然着重在产品、技术、流程上,还没有深入到我们的思想里面。它如果不钻到我们每一个人的骨子里,是无法形成文化的,所以我们下一步就是要加强品质文化的建设。而本书正好是着眼于品质文化、意识的阐述,对当今企业发展,在时间上可谓是非常及时的。

鲍益新博士曾在富士康集团工作近五年,其间担任手机事业群的首席质量官(CQO)及副总经理。他出身汽车行业,在美国福特汽车和北美丰田都做过品质管理的工作。今天,我非常高兴看到鲍博士将他十几年来的品质管理经验和理念整理成册。在本书中,鲍博士以说故事的方式阐述他对品质的观念和思维,令人读起来不但不枯燥无味,且相当有趣味性。他透过这些故事总结出的一些经验教训不但切中时弊,而且深具启发性。本书除了是一本启迪品质观念、意识之作,同时也具备操作的实用性,为那些实际从事品质工作的人提供了很好的学习教材。

富士康集团董事长郭台铭曾经说过,台湾有棵著名的阿里山神木,它能成其大,4000年前的种子掉到土里时就决定了。主要是因为它长在空旷的地方,能耐得住风寒和寂寞。神木之所以变成神木,在那时候就决定了。所以"格局"是一开始你心里怎么想，而品质就是企业的"格局"，能不能做出高品质的产品，就看企业领导有没有这个格局，耐不耐得住风寒和寂寞。这本书在此时此刻出版是有着重要意义的。

温元庆　富士康集团供应链资深副总

自 序

屈指数来,从离开学校进入职场到今天,已经快 30 年了,其间涉足的行业除了汽车,还有手机和智能硬件,历任职务则涵盖了研发、工程、制造、质量、客服、物流等各部门,不过,从事质量相关的工作还是占了一半时间。尤其在中国这十年,虽然服务过三家企业,担任不同职务,但始终没离开过质量。

以前念书时,老师常鼓励我们:十年寒窗,一举成名。进入企业,老板们说:十年磨一剑,不改初心。我自忖过去十年来,既未闯出名,亦未磨成剑,有的只是对质量工作始终如一的热忱,以及这十年来看着企业随经济成长而发展却忽视质量的痛心。许多企业嘴上说的远超过真心付出的,往往一到重要决策关头,即因短利而采取退缩、妥协之策。究其因,缺乏正确的质量思维是主要原因之一。

写这本书，主要是希望能让读者对质量有更进一步的认识。这个认识是从软性的思维、观念而非硬性的理论和统计方法着手。万事以建立观念为首要，正如同我们教育孩子——上策给观念，中策给方法，下策给金钱。同样，质量观念毋庸置疑地重要于质量技术层面，譬如质量保证、质量检验、质量规划、质量工程，等等。因此，我在这本书里花了较多篇幅在观念、意识的建立和人的培养上，如果没有这些基础，想把质量做好如同缘木求鱼，痴人说梦。

梁实秋先生说写文章贵在自然流露，此乃不刊之论。唯自然流露，才有内容，才能真，才能动人。他引袁宏道云："文章新奇，无定格式，只要发人所不能发，句法、字法、调法——从自己胸中流出，此真新奇也。"我并非专业作家，写这本书只想把我多年的工作经验以最浅显的方式表达出来，让所有的人都能读得懂，因此心中怎么想就怎么写，这应该符合"从胸中流出"的最自然的方式。

用这个方式来写，就是想试试看能不能把质量观念说得更清晰易懂些。思维是我们根据客观事实产生的一系列认知、判断、推理的活动，其结果形成所谓的观念、意识。质量思维即是透过这些活动来阐述质量的观念。在重要的观念诠释上，我尽量用已知或我亲身经历的故事做例子，重在可读性，而排除过于学理性、单调的论述。或许这样能让读者更亲近质量，进而建立正确的质量观念。

本书的大部分内容是根据我近十年来有关质量的演讲改写的。我估算了一下，这些年来，我总共讲了43场，听众总数超过2万人，除了我工作的企业内部的领导、员工外，还有外部企业、供应商的CEO（首席执行官）、高管、工程师、一线作业员，以及大专院校的副校长、院长、教授、学生，等等。演讲中，听众最常问的问题是："当交付与质量互相冲突时，质量主管该怎么办？"这的确是个棘手又现实的问题，困扰着许多人，我在本书里会尝试和读者们分享我的思路与方法论。

在写这本书的过程中，我有机会对自己的质量工作和思路做一些系统性的整理和检讨，也算是某种程度的复盘。在写作过程中，还真的对某些观念和做法有了更新的领悟和认识，不能不说是个意外收获。这些领悟和认识也都一并写进了书里。

除了质量意识和基础的方法论外，由于质量的特殊属性，我特地花了两章来谈人和领导力。许多企业不断地在交付与质量间挣扎，负责任的质量人往往固执、坚持己见。必要的时候，他们得做出决断，带领大家一起行动，否则就无法避免问题外流，伤害到客户。如果质量管理者因为怕得罪人而不敢做出困难的决定，也不敢在该冲撞的时候冲撞别人，那么企业把守质量大门的最后一关就会失守。不过，常常和别的部门"对着干"，也让质量人感到心理压抑、受挫、孤独。我见过不少质量工程师或主管因为受不了长期的压抑、责难而辞职转行。

这让我想起辛弃疾在《水龙吟·登建康赏心亭》里的几句词："落日楼头，断鸿声里，江南游子。把吴钩看了，栏杆拍遍，无人会，登临意。"辛弃疾除了以词著名外，也是南宋抗金豪杰。可惜他虽胸怀大志，却不断被朝廷主和派压抑，心中的愤懑和恼恨可想而知。这一阕词就是在抒发他内心的焦虑和苦闷。"断鸿"比喻自己是失群的孤雁，"江南游子"则是比喻自己飘零的身世和孤寂的心境。后一句是慨叹自己空有恢复中原的抱负，朝廷中却没人是他的知音，胸中说不出来的抑郁苦闷之气，只有借拍打栏杆来发泄。

提到稼轩词是因为我觉得选择做质量的人对质量工作都有一种"恨铁不成钢"的情怀。可惜在复杂的大环境及企业的成长过程中，质量往往被放在后面，这让质量人挺痛心，在心境上和辛弃疾有点类似。但是我真正想说的是，在企业发展的过程中，质量是无法一步到位的，得一步步来。西方有句谚语："理想是和平的，历史是残暴的（Ideals are peaceful, history is violent.）。"在企业发展中，一方面要坚持高质量，另一方面有时却不得不做出妥协。质量人要有耐心，有毅力，运用智慧，认清企业发展的阶段，稳抓核心质量，既保护客户也保护公司。辛弃疾虽一生不得志，但从未放弃，一直到临终时仍大呼"杀贼！杀贼！"质量人应如是。

自　序

　　最后谨以这段稼轩词勉励天下所有的质量人，虽然困难，常常被误解，但要效法辛弃疾的拼搏和永不放弃的精神。因为质量不是一份工作，它是一种信念，也是企业的良心，而质量人就是守护这个良心的天使（Guardian Angel）。坚守质量的岗位不一定能把质量做好，但是放弃的话，质量就完了。

第一章

怎么理解质量

质量不等于客户满意

  质量的定义五花八门，从严谨的学理到直接的消费者体验，不同的角度能剖析出不同的深度和看法。简单地说，质量就是使用者对东西是好还是差的感受。这里的"东西"不仅指具体的物件，也可以是无形、抽象的，譬如生活中遇到的各种服务、听到的音乐、呼吸的空气、老师的教学、一个人的品行、一个管理者的领导方式，等等。这种感受的能力从我们出生就伴随着我们，随着不断地体验和学习不停地改变。

  质量本身是一种主观感受，不需要具备什么专业知识，人人都能谈论它，就像谈论天气。一般欧美人早上见面都要聊上几句天气，发表点看法，甚至加点在气象播报里学到的名词，诸如高气压、低气压、环流、冷锋、卷积云层等,说得眉飞色舞,但其实真懂气象科学的人非常少。为何大家见面都要说天气?因为切身相关,虽然不懂细节却能清楚地感受到天气的种种影响,再加上人人都知道的一些科普常识,天气就成了朋友、同事见面寒暄最常见的话题。

这和质量在企业里的情况类似。质量不是一门像火箭、导弹般的高深技术,却影响着企业内部各项业务执行的结果和外在客户对产品、服务的感受。要是客户感受不好,连公司的生存都会受到影响。因此在企业里,人人都能就质量说上几句,发表不同的看法,但是真正懂质量管理的人却不多见。

对企业来说,质量和用户满意当然是至高无上的追求,不过,从比较狭隘的质量定义来说这两者并不完全对等。譬如,研发和制造工程师努力地把产品做到符合图纸上的标准,基本上质量过关,但使用者满不满意却另当别论。

这里我们先定义一下满意度:满意度就是客户在体验产品或服务时实际的感受,除以他在使用前对这个产品或服务的期望值,而得到的一个比值。

客户满意度 = 实际值 / 期望值

一件达到设计、制造图纸标准的"好质量"产品有可能产生完全不同的客户满意度。举个例子:当你加班到深夜,拖着饥饿疲惫的身子，走到巷子口，忽然看见一个面摊，于是坐下来点了碗牛肉面，面上来时，发觉不但分量多、面筋道、肉香浓郁，吃到嘴里真是口舌生香，而且只需 20 元。由于你在吃前对这碗要价仅仅 20 元的牛肉面期望不高，果腹即可，但是结果超出预期，此时你心中的满意度当然很高（因为分子远远大于分母）。

换个场景。同样一碗面被端进了五星级大酒店的豪华中餐厅，要价 100 元，并且点餐前你刚刚接了个客户取消订单的电话。这份不痛快，再加上 100 元的要价，估计这面即使味道不错，你也绝对吃不出前述路边摊上牛肉面的满意度。

不是同样的一碗面吗？质量完全一样啊！怎么回事？

答案就在满意度公式里的分母上。因为两者的期望值完全不一样，你对五星级餐厅的期望值可要远大于街口小巷子的面摊啊！所以即使实际值不变，你所得到的满意度也完全不同了。

以上的例子只是告诉大家，在某些情况下，质量和客户满意是有差异的。不过在大部分情况下，两者仍然是强相关。换句话说，达到质量的基本定义（功能、外观、服务都满足客户要求），至少提供了最起码的客户满意，但想要达到更高层次的客户满意度，则需要进一步了解各类型客户在不同场景下对产品或服务的期望值及其变化。这就不是一件简单的事了。

质量意识为什么重要

  定义了质量，我们再谈谈质量意识。质量意识是公司文化的一部分，也是一种思维模式，它附着在我们所做的每一件事情上面。质量文化反映了公司从上到下的核心价值观和行为，当然也就决定了它怎么设计制造产品和服务。顾客或消费者虽然看不到公司的内部运作，但从其产品或体验到的服务上可以精确地感受到这家公司对质量重视的程度。

  质量意识的重要性可以借由富士康集团郭台铭总裁对质量的两句名言来说明。第一句是从客户的角度，第二句是从公司的内部角度。前者影响企业的发展和竞争力，后者则攸关企业的生死存亡。

第一章
怎么理解质量

第一句:"品质是什么——就是客户愿意用两倍的价格来向你买,而且还很高兴。"

这句话有两层意思。首先,它告诉你质量不是老板决定的,而是客户决定的。其次,质量好是可以多赚钱的。可惜大部分的企业家不理解这个道理,都认为把质量做好需要花很多成本,甚至有的公司最高质量决策者,常常在有质量风险的情况下,任意修改质量标准,以顺利出货。

我当年加入丰田汽车(Toyota)北美总部,第一份工作是担任丰田全球最大汽车组装厂的质量负责人,生产包括最畅销的凯美瑞(Camry)在内的三款轿车。两条生产线,一年产出超过 40 万辆汽车,其中凯美瑞占比超过 90%,在同级轿车中横扫北美市场,尤其价格要比其他竞争对手(通用、福特、克莱斯勒)每辆高出 3000 美元。有一阵子实在供不应求,甚至向通用旗下一个在印第安纳州的汽车厂租了一条线来扩充产能。此举当时不但暂时解决了市场需求问题,还挽救了那家因产量急剧下滑而面临关门的工厂,也连带挽救了大批面临下岗的员工。

为什么凯美瑞以高出市场 3000 美元的溢价(约为车价的 15%)还能供不应求?答案并不是美观的设计。其实丰田的汽车一般市场评价都是偏保守,既不炫也不酷。也不是配置高,丰田对汽车的定义一直是大众交通工具,高配置并不多见。原因其实很简单,就是质量好,开了不会出问题。要知道在美国买凯美瑞的不是 60 岁以上的老人就是年轻有孩子的家庭主妇。他们要的就是一辆可靠、不会出故障的汽车。年龄大行动不方便，修起车来很麻烦；美国的家庭主妇非常忙碌，除了上下班，还得接送小孩，周末还得开车送小孩学琴、踢足球、参加各种活动。车子出问题对他们来说是巨大灾难。因此这个"质量好"的凯美瑞就成了这些人的首选。那个时候，顾客通常下了订单都得等上月余才能拿到车，价格怎么会不上来。

丰田的质量口碑塑造了坚实的品牌影响力，销量不断上升，也在全球不断建厂、扩增产能。在我任职的那段时期，丰田不但击败通用汽车，坐上了世界汽车第一的宝座，在盈利上也赚得盆满钵满。不过丰田并没有把赚来的大部分钱和员工分享，而是持续地投入关键技术的开发，因此才有后来环保油电混合动力车（HEV，Hybrid Electric Vehicle）的诞生。丰田的薪资、奖金和其他企业都不一样。在丰田工作，你的所得固然和绩效挂钩，但不会大起大落，尤其没有什么"公司系数"。丰田的理论是希望人人都能"预测"自己未来十年、二十年的所得。能预测未来就能规划未来，诸如结婚、孩子、房子，等等。只有把梦想融入规划，看得到将来，员工才会把它转化为理想，然后为了理想而奋斗。这个"薪资奖金理论"事实上和著名的丰田制造体系（TPS，Toyota Production System）中的平准化是相通的。如今，许多人加入企业是希望有一天能撞上风口，譬如 IPO（首次公开募股），马上一夜致富。企业也拿这种梦想诱惑优秀人才加入公司。姑且不论这种观念对不对,仅是暴起暴落的薪资、奖金,有今天不知有没有明天的不稳定性,不但把人心带贪、带短视了,还由于大家都抱着赌一把、捞一票的心态,员工对企业的长期忠诚度也大大降低了。没有了长期尽职干活的员工,就算企业能发展一时,也必定难以持久。

第二句:"品质是价值与尊严的起点,也是公司赖以生存的命脉。"

质量和价值观的关系前面说了,这里不再重复,但为什么它还是尊严的起点?举两个例子。20 世纪 80 年代初期,我在美国念机械工程硕士,虽然有奖学金,生活还是过得很紧张,平时除了修课,就是做实验。我的硕士论文是研究石油运输管道在不同负载和周遭地理环境影响下的震动。实验室在另一个校区,每周至少去三次,每次得开半小时车。我自己一个人设计、架设了一条长达 15 米的输油管,装上各种震动、量测仪器,常常一头栽进去工作就是一整夜。等做完实验,走出实验室,天往往都已经蒙蒙亮了。那段时间我唯一的娱乐就是每个周末开车去麦当劳吃一份 Big Mac(巨无霸)套餐,然后去看场电影。这个习惯一直维持到今天。

有一次去看一部爱情片(片名忘了),里面有一个场景是男女主角在河边散步,突然下起雨来,男的赶紧从包里拿出一把折叠雨伞，结果一撑开，伞架开花了。这时女的抬起头来，看着男的笑着说："It must be made in China."（这伞一定是中国做的）。我当时听了，顿时感觉无地自容，恨不得找个洞钻进去。我下意识地把身子往下缩了缩，生怕旁边的人认出我是中国人。电影一完，灯没亮我就急急忙忙离开电影院了。

这件事对我影响很大。我后来决定回国也多多少少和这个跟了我20多年的"羞耻"印象有关。我并不觉得那部电影的导演歧视华人，他只是表达一般美国人的看法。那个时期正好中国的廉价衣服、鞋子、日用品大量外销美国，东西虽然便宜，但质量的确不好。很多都是用用就破了、坏了。次数多了慢慢就形成美国人心中对中国东西价廉物不美的印象，那句电影台词无非就是反映那个时期的普遍看法。

第二个例子是我在丰田北美总部任职质量总经理时发生的。那时我代表丰田参加一个由美国企业质量负责人组成的像俱乐部一样的组织。有50多家公司的质量副总裁参加，公司得交年费，每季聚一次，每次吃吃饭，请几个公司代表演讲质量相关的议题，大家交流沟通，我也因此认识了好多质量同行。有一天，有个德国公司做控制器（Controller）的质量副总打电话给我，邀请我参加他们公司在芝加哥举办的质量年会，会有200多位来自他们全球分公司的质量负责人参加，我需要做一场两个小时的关于丰田质量体系的演讲。看在老朋友分上（当然还有管吃管住加往返机票),我很爽快地答应了。

演讲花了一个半小时,剩下半个小时提问。我一说完"现在有问题的请举手","哗"的一下,一半的听众举起手来。我当时都愣了,不知道是我讲得太好还是太烂。我点了位坐在最后一排的老先生(因为他满头银发)。我还记得他瘦瘦高高的,有点驼背,一张嘴一口东欧腔调的英语(后来知道他来自匈牙利)。他的第一句话不是问问题而是说:"I want to complain Toyota!"(我要抱怨丰田)。我当时脑袋里"轰"的一声,心想这下坏了,演讲变成批斗了。接着他说他今年62岁了,忙碌了这么多年,一直想换辆新车,可是他老伴儿跟他说:"没问题,只要你现在开的这辆丰田坏了,就马上给你换。"可是这辆丰田开了快20年,就是不坏,看来这辈子换新车无望了,所以他向我提出严重抱怨。这句话一说完,全场哄堂大笑。我当然也松了一口气,不过我站在那儿反而没笑。我没想到这位老先生这么幽默,用了个拐弯抹角的方式来称赞丰田的质量。身为公司质量负责人,我当时心情非常激动,觉得能代表质量这么过硬的公司站在200多位质量专业听众面前,接受如此的赞扬(他们可是德国公司啊),感觉真是无比的有尊严,仿佛北美丰田28000名员工、13家工厂长久以来的辛劳付出在那一刹那间都值了。那一瞬间的感受使我终生难忘,我多么希望有一天我们中国的产品也能获得这样的称赞。

什么是尊严,我定义不出来,不过有一天当你失去它时,你马上就明白了。

关于质量为什么是公司赖以生存的命脉,我再举三个例子。第一个还是和丰田有关。丰田是做纺织机起家的,后来参观了美国福特汽车生产线才开始学着造汽车,可惜一直做不好。直到1950年朝鲜战争爆发,得到美军援助,才开始做军用卡车,为后来做商业用车奠定了基础。他们的第一款四门轿车皇冠(Crown)在1955年推出时大受欢迎,市场供不应求。于是就像所有公司遇到这种情形一样,丰田马上决定雇人、扩线来增加产能。可是问题来了,急速扩充的新员工缺乏经验和训练,各方面管理的能力都变得薄弱,跨部门的沟通和合作效率直线下降,再加上那时候他们没有足够的品管能力,结果市场上各种质量问题不断爆发,造成大批退货,最后政府不得不介入协助善后,丰田差点倒闭。

经过这次惨痛教训,丰田的管理层痛定思痛,发誓未来绝不再重蹈覆辙(六十多年来他们做到了)。后来丰田把质量称为公司的生命线(lifeline),如今这个说法已经广为全世界企业采用,但是知道它是始于丰田的应该不多。

发誓归发誓,不懂品管就是不懂。日本国内没有专家,于是通过美国的帮助,找到了那个时候并不被美国企业界待见的戴明博士(William Edwards Deming,1900~1993)。戴明博士协助丰田导入了一系列基于统计原理的品管方法改进质量,很快产生效果,大大地提升了丰田汽车的质量。

第一章
怎么理解质量

戴明不只协助丰田，事实上他基本改善了当时整个日本制造业的质量。后来日本政府为了感激他，把日本最高国家质量奖命名为戴明奖，以纪念这位对日本工业做出重大贡献的质量专家。而丰田，在戴明的启蒙后，兢兢业业地持续改进生产和质量系统，一直到1965年才获得戴明奖。今天你走进任何日本公司的总部，只要他们曾经得过戴明奖，这面奖牌一定是挂在大厅最明显的位置。这是每一个日本企业最大的骄傲。

第二个例子是我的亲身经历，是2000年的福特汽车火石（Firestone）轮胎质量事故。今天满大街跑的SUV（Sport Utility Vehicle，运动型多用途汽车）是美国福特汽车公司在20世纪90年代发明的。第一款探险者（Explorer）推出后大受欢迎，不但大赚其钱，而且开创了汽车的一个新品种。各大汽车公司争相效仿，后来几乎把minivan（箱式旅行车）这个品类整个打垮了。可惜好景不长，探险者在90年代后期出过几次车胎外皮在高速公路行驶中脱落造成的翻车事故，引起了舆论和国家高速公路安全管理局（NHTSA，National Highway Traffic Safety Administration）的重视。后来发生了一次严重事故，夺去一位德州警察和他太太、小孩的生命才变成压断骆驼背的最后一根稻草。福特公司因此进入前所未有长达数年的痛苦挣扎期。事故发生后，公司组成一个300人的团队研究到底车胎外皮是怎么脱落的。我那时候在研发部门，我的顶头上司就被调去这个团队，一去一年回不来。更惨的是那个时候福特的 CEO 杰克·纳赛尔（Jac Nasser）被国会叫去参加听证会，在全国联播的听证会里被国会议员当场羞辱，让我们这些在电视机前的福特员工看了心头很不是滋味。

接下来发生的事更糟糕。经过这么一折腾，探险者 SUV 几乎无人问津，严重滞销。为了安抚愤怒的车主，福特决定赔偿每一位探险者客户五个新轮胎。这一下把全美国的轮胎公司产能挤爆了，很多竞争对手因此不得不延后新车发布。这些负面消息带给福特的是之后数年的销售直线滑落、利润剧减、CEO 下台、品牌声誉大受打击。

第三个例子和所有企业都有关。我们知道，企业天天都在制造不良品，程度不同而已。工业界有个 1∶10∶100 的说法。譬如制作一个零件有缺陷时，我们及时纠正它，假设造成的是 1 单位的损失。如果这个有缺陷零件流入下游工序并在组装成产品时才被发现，这时去纠正它就会产生 10 倍的损失，因为你不知道到底有几个不良零件，必须前后排查。根据不良的情况，一般得排查 20 到 200 个产品。如果这个产品不幸流入市场引起了客户抱怨，损失就会更大。由于我们不清楚到底有多少有缺陷的零件，排查数量将呈几何级数增长，所产生的浪费也就不止 100 倍了。

这种因为不良品造成的各种浪费统称为不良质量成本（Cost of Poor Quality），以下是几个常见的例子：

第一章
怎么理解质量

- 来料不良造成的报废
- 重测、重工产品
- 各种原因造成的停工或停线
- 产品召回维修及退货换新
- 修改模具和夹治具
- 软件版本更新

大家应该对以上这些例子不陌生吧！但是有多少人真正关心这些浪费呢？正是这些由于人、机、料、法、环[①]所造成的不良品在一点一滴侵蚀企业的成本和竞争力。前面两个汽车的例子和这个不一样。前两者是指重大质量问题很可能导致企业一蹶不振，甚至停业。可是当它发生时，会引起社会的关注，大家会倾全力去挽救，因此还有希望。第三种情况完全不同，但最可怕，它是慢慢地、不引人注意地在腐蚀企业的根基，就像温水里煮着的青蛙，等到感觉不对时已经太晚了。

今天虽然企业普遍认同"质量是公司的生命线"的说法，但从企业整体运营来说，质量是不能独立于其他功能之外的。以生产制造为例，要想持续生产出有效率、质量好的产品，必须在所

---

① 人、机、料、法、环是全面质量管理理论中五个影响产品质量的主要因素的简称。"人"，指制造产品的人员；"机"，指制造产品所用的设备；"料"，指制造产品所使用的原材料；"法"，指制造产品所使用的方法；"环"，指产品制造过程中所处的环境。

有的功能（计划、来料、工程、人力、设备、物流、质量等）之间形成一个可运作的"节拍"。这就像交响乐团的演奏，需要所有乐器互相配合，在指挥的节拍控制下进行演奏。

如果要在生产过程中导入任何改善措施，注意不要随意打乱这个节拍，否则可能危害更大。可惜很多人不了解这个节拍的重要性，常常一拍脑袋，决定明天就把质量翻一番，于是立马提高标准，增加品检人力，结果生产线上撤下许多不良品（还不一定和客户的抱怨有关）。这些不良品除了需要加开重工线来进行处理，也使得产出的效率降低，结果造成制造成本增加，效率降低也使得交付出了问题，引起销售部门抱怨。最后的结果可能是质量提升了些，但其他指标却掉下来了。等其他指标变差后，类似的改进目标又来了，只不过这次不是质量。这样来回折腾，到了年终，大家会惊讶地发现，实施这么多的改善行动，工厂还是不赚钱。这就是不懂节拍造成的后果。工厂的运行就像交响乐团演奏一样需要彼此协调，任何改进都要在不打乱节拍的前提下循序渐进。

什么是质量管理

最早提出全面质量管理（TQM，Total Quality Management）概念的应该是美国通用电气公司的阿曼德·费根堡姆（Armand V. Feigenbaum）博士。1951 年，他出版了《质量管控：原理、实操和管理》(*Quality Control: Principles, Practice and Administration*) 一书，强调质量是公司全体人员的责任，应该使全体人员都具有质量的概念和承担质量的责任。此后，全面质量管理的发展经历了以下几个阶段：

1. 20 世纪 50 年代初期朝鲜战争期间，通过戴明博士的引入，日本开始发展质量管理的观念。到了 20 世纪 70 年代，质量管理已基本渗透到整个日本企业基层，并且企业开始广泛采用统计数学来管理质量。

2. 1986 年，国际标准化组织 ISO 对全面质量管理的内容和要求进行了标准化，并于 1987 年 3 月正式颁布了 ISO 9000 系列标准。

3. 20 世纪 90 年代，随着质量管理思想和方法往更高层次发展，企业的生产管理和质量管理被提升到经营管理的层次。

谈质量管理离不开戴明博士。

戴明博士是世界著名的质量管理专家，他对世界质量管理发展做出的卓越贡献享誉全球。以戴明博士命名的"戴明质量奖"至今仍是日本质量管理的最高荣誉。他的"戴明十四要点"成为全面质量管理的重要理论基础，至今对全球工业界有着重要的影响。以下，我将根据亲身经历重新阐述他的质量观点，也就是著名的"戴明的十四点原则"。这些原则看似平淡无奇，实行起来却非常不容易，是典型的知易行难。

1. 确立坚定不移的目标

企业里每一个员工，不论什么职务，都得致力于让公司活着。要让公司活着，每个人就必须在自己的工作岗位上不断寻求产品和服务的改进，而改进的方向只有一个，就是让客户满意。

企业的发展就像蛇的前行，除了蛇头对准目标不变外，身体其他各部分都随时向不同的方向蠕动，但是它们的合力却推动蛇的整体朝既定的方向前进。企业也一样，目标定了就不应该轻易变动，否则将造成各部门的混乱与无所适从，产品的质量也不可能做好。企业目标的稳定直接关系产品和服务的质量。

2. 导入新的观念

社会发展不断更新换代，以前帮助我们成功的观念和知识不见得适用于未来。新的质量观念将着眼于客户满意，工厂重视质量将减少重工，增加生产力。加强质量管理只会降低成本，不会增加成本。

在追求客户满意这一点上，今天已不是问题。原则上现在应该没有人或企业不知道这点很重要，但回到当年戴明提出这个观点的情境，却不是这么回事。那时候企业只闷头做产品，很少关注客户想要什么。老亨利·福特当年说过一句话，至今还广为流传。当时福特造的车子只有一种颜色——黑色，销售部门反馈：是不是可以增加一点颜色，福特马上说："可以啊，只要它们是黑色的！"

但是，"加强质量管理只会降低成本，不会增加成本"这句话，到今天还有很多企业家怀疑，他们把加强质量管理和增加生产线品检人员画上等号。不幸的是，品检的确可以加强质量管理，却是最差的一招。所以戴明后来又强调（第三点）：质量是设计出来的,不是检出来的。

3. 不要只依靠品质检验(QC,Quality Check)提升质量

质量是设计和制造出来的,不是检出来的。检验不是不能做,但会让上游松懈,不把该做的做好,而且过多的检验无疑会增加成本。最重要的是,不论多少检验,总会有不良品不可避免地流到客户端。我多年的经验告诉我,重复性的动作靠人来做是最不靠谱的,只要人一接触就容易出差错,可惜品检就是靠人力执行。所以如果只依靠品检来把控质量,一定会让你失望。

4. 选择供应商,不能只看最低价格

低价格本身并无错,但只有同时能保证质量和交付才有意义。唯一可行之道是与供应商建立长远的伙伴关系,通过密切的合作来降低总成本(不一定只是采购单价)。可惜一般人见不及此。不断地砍低价格能立即降低采购成本,成效似乎立竿见影,谁反对就如同犯了政治错误一样。但砍价或转交给低价供应商所带来的质量、交付等不稳定风险多半要等到产品量产、上市后才会显现。到时大家都忙着灭火,无暇追究这是由低价造成的偷工减料还是管理松散所致。我们总是认为,只要供应商同意这个价格,他就有义务把东西做到标准内,但是往往忘记了供应商也要吃饭,明知过低的价格不可行,迫于生存,不得不硬着头皮接下,之后只好想各种方法节省成本。因此缩减人力,简化制程,偷改材料,

放宽检验标准，甚至把不良品当良品放出去。可悲的是，至今很多企业仍然在这种"追求低价→劣质→重工→处罚→换供应商→更低价"的恶性循环里无法自拔。如果整个企业界都陷入这种模式，那么前景着实堪忧。为何戴明半个世纪前看到的，今人却看不到？我认为今之企业家不是看不到，而是喜欢冒险，赌这种事不会发生在自己的公司身上。加上低价如同吗啡、毒品，一旦沾上了，的确很难戒除。

5. 永不间断地持续改进

持续改进当然是客户导向的，而改进的目标是根据不断地量测现状和客户需求之间的差异而定。此外，追求所有相关流程的稳定性和降低流程变异（Process Variability）也可以降低成本。

企业全体员工都要了解流程稳定的重要性，任何对流程的干预都可能造成变异，增加成本。在流程的持续改进中，首先要了解变异的原因。一般而言，变异原因分两种：普遍原因（Common Cause）和特殊原因（Special Cause）。普遍原因可以解释成系统性的原因，是长时间积累的，常常甚至天天发生，本质上可以确切量测，属于随机、杂讯类型。而特殊原因刚好相反，属于不常见、不易量化的变异。

举个例子，刚放完长假回来，生产线的效率和良率都会明显下降，主要原因是员工虽然人在工厂，心还没收回来，造成工作上过多失误。因此放长假是个特殊原因。反之，如果工厂长期由于员工工作失误导致效率、良率上下波动、无法提升，其原因，不论是培训、管理不到位，还是机台或工具调试、保养不到位，就都属于普遍原因了。同样的变异（效率、良率的变化），原因不同，解决的方法就不同。弄错原因的本质属性，只会事倍功半或徒劳无功。

但是改进容易持续难。针对某一问题，大家一起努力解决并非难事，但要维持这个"永远不满足现状，不断动手动脚找问题，想解决方法"的动力就和企业的文化有关了。任何事牵扯到文化就不简单。首先需要企业领导认同，以身作则，从而才能慢慢在企业内部铺展开，通过不同的方式传达、鼓励。这个是慢工出细活的水磨工夫。可惜现代企业在环境多变、挑战日益加剧的背景下，很少能坚持下去。质量的持续改进并不是做不到，关键是想法要变，也就是企业领导不把质量管理看成一份工作，而是当作一种信念。一旦观念改变，落实持续改进的文化就可以期待了。

6. 建立员工岗位培训制度

公司不断地培训员工是一种承诺，不是福利。很多企业不愿意花资源培训员工，理由是培养好了，他们可能更容易跳槽，何必变成竞争对手的培训班？这是个错误观念。有没有人在培训后（甚至还拿到证书）选择薪资、机会更好的企业？当然有。可是从整个培训人数上来说,这仍然是极小的比例。那些留下来的员工,能力、知识得到提升,一方面感谢公司栽培,一方面把所学用在工作上,使得产品的效率变得更高、质量变得更好,其中的得失不是一目了然吗?

不过培训必须要有计划、有制度。它不是上学读书,而是有很强的目的性。我看过太多企业的培训计划,事先没想清楚,且多半是竞争对手有这个项目,所以自己也要有。没有精密计划,在选择培训对象、课程安排、挑选师资上也就随随便便,走个过场。反正培训的KPI(Key Performance Indicator,关键绩效指标)中外古今都一样,就是每年每人多少小时。问题是,从这个量测根本看不出培训的质量和效果。

譬如质量的培训,从观念意识、手法、组织、体系(如ISO 9000)、实际操作到人员培育,是一个系统性的工程。企业首先得分析自身,清楚目前属于什么阶段,再设计一套课程,由浅而深,然后仔细挑选对象,按步骤推进。这就和上学一样,再优秀的学生也不可能上完小学就直奔研究院。我遇到过给产线操作员培训艰涩的统计理论科目的,姑且不论他们能不能吸收,回到了生产线,这知识用得上吗?

7. 领导力的体现和制度化

公司领导阶层的目标是帮助员工更有效地执行工作。一个好的领导一定也是一位好教练或好老师。领导应该多花时间在员工身上,而不是把自己埋在指标、规范、流程里面。话虽如此,这些年,我发现愿意花时间教导员工的领导少之又少。

过去十年,我花了许多时间"培育、教导"下属。一方面我喜欢把事情说得明明白白,每当看到部属茫然的眼神,我就知道他们没把问题弄清楚,我会从头到尾再把自己的意思讲一遍,直到他们明白为止。另一方面,这和前述我回国的目的有关。在质量领域里,我通常会不厌其烦地教,直到大家弄懂为止。孔子说"教学相长",一点不错,我通过指导把许多观念弄得更清楚,或者发现了以前从未触碰过的想法。这也是教育培训的乐趣之一。

有段时间,我的一个主要客户在美国,我发现国内大部分质量工程师写、读英文的能力基本没问题,但听、说能力就差很多,主要是没有机会练习。但要和美国客户沟通、开会,听、说这两项能力最重要。于是我利用下班时间办了一个英语会话班,从当地美国学校聘请了两位美国老师,开了一门初级、一门中级会话班,成效非常明显,好多其他部门的人闻讯也要求参加。我自己也常常去旁听,了解老师怎么和这些工程师沟通、对话。看着这些年轻人学习时脸上洋溢的兴奋,努力用英语表达他们的想法,心中真是高兴极了。后来随着我的离开,这两个班没有继续下去,实在令人惋惜。

戴明的这一观点被丰田奉为圭臬。我刚进北美丰田时,我的日本顾问就提醒我，在丰田，领导的职责只有两项：一是确认，一是教导。后来时间久了，我发现基本所有的好主管都是好教练，员工在丰田成长得特别快，这是一个主要原因。对于这两项职责，我一生奉行不悖。

8. 消除员工的恐惧心理，让所有人可以有效地工作

这点恐怕是戴明理论中最重要的，但也最难做到。人类想要彻底消除恐惧恐怕不可能，因为有太多未知因素左右我们生活的方方面面。史前时期人类靠狩猎与大自然搏斗，其生存的恐惧和现今在工业社会谋取一席生存之地的恐惧，本质上并没有什么不同。除了大人，就连孩子也生活在各式各样的恐惧中：怕上学迟到罚站，怕考试不及格被老师处罚，怕输在起跑线不能满足父母的期待，等等。我们可以说只要人类存在，恐惧就无所不在。当然恐惧也分不同形式、类别、程度。幸运的是，随着成长，如果顺利的话，我们都能慢慢学会怎么应付或消除这些恐惧。

某些时候，恐惧也能转化为奋斗的动力，甚至使人超越平常的表现。譬如大街上突然有只恶犬向你扑来，你吓得撒腿就跑，估计这时候你的速度绝对超过平时跑步的速度。为什么？因为恐惧。人在恐惧下，会尽其所能地发挥更大的能力来消除威胁。类似的例子使得许多管理者认为可以将恐惧当成管理工具，用来刺激员工的绩效。不幸的是，这是混淆恐惧和压力的结果。适当的

自发性的压力的确可以激发斗志，但是恐惧所带来的"努力"不见得会产生有效的结果。譬如：厂长担心达不成交付目标受罚，选择拿不良品充数，结果是客户退货和损害公司的信誉；销售人员在开发新客户的压力下，私自移转老客户的订单，结果是保住了新客户，丢了老客户；工程师因恐惧受罚而造假数据……许许多多类似的例子每天在各个公司发生，真正的原因就是恐惧。戴明特别强调这点，就是知道它不易察觉但危害极大。50年后的今天，上上下下的员工心里充满恐惧的企业仍比比皆是，老板及管理人员仍然陷在这个"自我实现的预言"（Self-fulfilling Prophesy）里而不自知。

这个管理上的误区，除了来源于管理者的自我认知，也和公司文化、KPI的设置有关。我在后面章节讨论KPI时会特别强调，不合理的KPI对员工造成的最大负面影响不只是年度绩效下降，而是诱发公司从上到下的恐惧心态。恐惧一旦形成，将永远存在。员工畏惧惩罚，人人加倍努力，却没有实质效果，因而对公司也没有任何好处。

其实恐惧不能带来真正的绩效，远在2000多年前春秋时期的孙子就体察到了。《孙子兵法》"始计篇"曰："兵者，国之大事也。死生之地，存亡之道，不可不察也。故经之以五事，校之以计而索其情：一曰道，二曰天，三曰地，四曰将，五曰法。道者，令民与上同意也，故可以与之死，可以与之生，而不畏危……凡此五者，将莫不闻，知之者胜，不知者不胜……"这里的"道者"，就是领导要致力于使下属了解作战的原因、目标，使其与之一心，方可将生死恐惧置之度外。可见战争也不是靠恐惧施压夺胜的，何况企业。

如前所述，由于恐惧伴随我们成长，无处不在，因此要求公司在管理上做到真正地免于恐惧，并不是一件易事。需要靠有心的企业家、管理者去体察公司内部的恐惧程度、来源，从而一点点努力地克服、消除它。

9. 推倒部门间的高墙

公司的利益应该高于部门利益，不同部门的员工应彼此合作无间，发挥团队精神，共同努力达成公司的目标。可惜在部门KPI的设计下，为了年终绩效，各部门的竞争或目标不一致就会凸显出来，导致各自为政，甚至不惜互相攻讦，争取较好排名。部门间随即筑起一堵堵无形的高墙，进而损害公司的利益，造成效率和质量的下降。

幸好这个问题今天已经有较多的应对之策，譬如部门间拥有相同的KPI，迫使其共同合作；公司采用矩阵型组织（Matrix Organization），让员工同时为不同的部门效力，报告给不同部门的领导，减少部门间的摩擦；成立跨组织团队，如研发项目组（PDT，Product Development Team），针对某一计划由一跨部门团队来执行，目的也是打破部门之间的高墙。这些方法，如果操作得宜，授权得法，赏罚分明，应该可以有效地推倒这堵墙。

10. 彻底取消任何口号、标语、宣贯、好高骛远的目标

有人开玩笑说，走进任何一家公司，只要抬头看看那些高挂的标语、口号就知道这家企业的短板是什么。原因很简单：如果已经做到了，就不需要再挂在那里提醒大家了。这话揶揄的成分重，却也不是完全不对。

戴明真正的意思是，如果公司对其他方面不重视，譬如培训、激励、改善工作环境等，只是依靠挂标语、喊口号是没有效果的。

根据我的经验，适当的标语、口号、宣贯对激发员工、提高工作效率是有帮助的。那些没有效果的大多数是在员工理解或控制范围之外：不是永远达不到，就是虚无缥缈，云山雾罩，再不就是老生常谈。这些宣传不但不起作用，反而会招致员工的反感甚至憎恨。在我几十年的工作经验里，似乎还没有碰到过完全不挂标语或口号的企业，但是其中能让我欣赏、衷心赞叹的确实不多。主要是企业家或管理者体察不够用心，标语和口号之所以起作用是因为还有其他的配套措施，譬如在公司质量月活动时，针对主题设计一系列活动，加上务实、可行的目标（不是"我们誓言本质量月达成零缺陷"那种好高骛远的目标），配上标语、口号，加上管理者亲自示范、推动，是可以加深员工的质量意识，

提升质量管理水平。如果一味地认为戴明是反标语、反口号、反目标的，应该是误解他了。

11. 取消对员工和管理层工作上的量化指标

戴明认为给员工设定量化的指标只会阻碍持续改进，造成浪费及次品。员工不应该为了内部指标而工作，而是要不断地持续改进，全力为客户创造价值，满足客户需求。从今天的企业的角度来看，这似乎不切实际。不过首先我们得了解，戴明所观察的是半个世纪前的企业。他观察了两种人：一般员工和管理阶层。工人被要求每一小时得生产出多少产品，而产线的产出率是根据工人的平均能力计算出来的，因此，总是有许多达不到平均能力的工人每天在挣扎地完成这个指标。银行柜台的职员被要求每小时要服务多少办理各项业务的客户，因此部分面临着与产线工人同样的困境。

在那个时代，指标多数是为效率和成本而定，或是惩罚性的（如计算每人每天产出多少不良品），而不是为了满足客户需求或生产出好的质量。戴明认为这些指标会剥夺员工对工作的热忱和敬业精神，在这种环境下，员工是不可能持续改进，替客户创造价值的。

戴明观察的另一个对象是管理人员。他发现公司内部对管理人员有许多随意的、不基于事实和方法论的可笑指标，这些通常是老板的"发明",譬如明年维修成本要下降10%,销售要增加10%,UPPH(Units per Person per Hour,每人每小时的产出)要提升3%等。戴明指出,这些没有经过仔细分析、计算的"拍脑袋"指标往往落在统计误差区间内,也就是当这些指标随机波动时,管理人员却要忙着写报告向老板解释变差的原因和提出改进方案。不幸的是,这个现象至今仍普遍存在。

戴明的本意不是排斥所有的指标,而是谴责那些在不明了整个系统能力之下随意、片面设定的指标。从这个角度看,他是对的。也就是说,对工人而言,不能只设立针对生产数量的指标,而是应该制定可以让他持续改进、满足客户需求、提升产品质量的指标。对管理人员而言,他们更应该了解这个公司或工厂的整体能力,协助工人提升技能,发挥敬业精神,而不是制定一些超过整体能力的指标,让大家疲惫不堪却得不到任何成效。

戴明的说法用在孩子的教育上一样管用。与其从小定下许多指标,譬如在学校要考第几名、考多少分,几岁开始学钢琴、学英文,每天必须做多少练习题、背多少单词等,不如多花时间培养孩子学习的兴趣,对周遭事物的分析、洞察能力,以及良好的生活习惯和价值观。可惜在目前的高度竞争环境下(不论是企业还是升学),企业家或家长如不设定一大堆指标,就好像他们没有尽到应尽的责任,会导致企业和孩子失败似的。这似乎又是一个"自我实现的预言"。

12. 建立员工对工作的自尊和敬业精神

戴明认为任何导致员工失去工作尊严的因素都必须消除,包括员工不明白何为好的工作表现。这点显而易见,似乎不需要多做说明,不过要做到并非易事。我在第二章(质量管理的工匠精神)和第七章(质量人才的培育)里会对此有较详细的讨论。

13. 鼓励员工接受在职教育和不断追求自我进步

这一点和在工作中推动持续改进(第五点)是配套的,一是对事,一是对人。从长远来说,质量和生产力的持续改善会导致部分工作岗位性质的改变,因此员工都要不断接受训练及再培训,以便有足够的能力去应对发生的问题。

记得当年第一次把油电混合的凯美瑞导入美国时,因为整个汽车的动力系统和传统汽油引擎汽车大不相同,它的质量保证、检查方法和标准就需要重新定义和撰写。为此,我们团队自动自发地学习整个 HEV(Hybrid Electric Vehicle,油电混合汽车)动力系统,从原理到维修保养整个了解了一遍。事后不但顺利量产,大家对 HEV 也有了更深的理解。后来,我还充当过接待来访贵宾的 HEV 整车原理解说员,对 HEV 的操作原理至今还没忘记。

14. 持续改进不是口号,要每个人都能起而行之

这点应该不算独立观点,而是对前面 13 条的总结和提醒,鼓励大家,尤其是管理者,要说到做到(Walk the Talk)。戴明不断

地提到"持续"二字，应该如前所述，是体会到在企业里要想持续做一件事情，就非要有坚强的信念和毅力吧。

如果把戴明的十四点原则做一个分类，大致可以分成：人、制度、领导三类（图1），其中人（也就是员工）占五点，制度占五点，领导占四点。要想质量做得好，这三类缺一不可。对人强调正确观念的建立和通过持续改进不断追求自我进步。设计制度要针对问题预防而不是围堵，要促进部门、团队的沟通、合作而不是恶性竞争。领导除了落实人和制度的工作，最重要的是以务实的心态协助员工订立可以执行的目标，以及为员工提供一个免于恐惧的工作环境。

《人》

第二点：导入新的观念

第五点：永不间断地持续改进

第十二点：建立员工对工作的自尊和敬业精神

第十三点：鼓励员工接受在职教育和不断追求自我进步

第十四点：持续改进不是口号，要每个人都能起而行之

《制度》

第三点：不要只依靠品质检验提升质量

第四点：选择供应商，不能只看最低价格

第六点：建立员工岗位培训制度

第九点：推倒部门间的高墙

第十一点：取消对员工和管理层工作上的量化指标

《领导》

第一点：确立坚定不移的目标

第七点：领导力的体现和制度化

第八点：消除员工的恐惧心理，让所有人可以有效地工作

第十点：彻底取消任何口号、标语、宣贯、好高骛远的目标

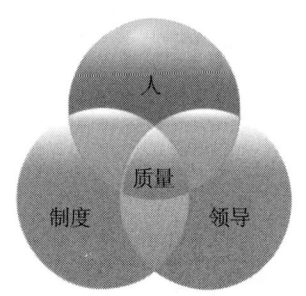

图 1　戴明十四点原则分类示意图

这十四点原则在今天看来似乎平淡无奇，其中几点好像和质量管理没有直接关系，甚至还有些过分理想化。但从事质量工作一段时间后，就会很清楚地发现这些原则正是做好质量工作不可或缺的理念和方法。

戴明的观点不但鞭辟入里，而且句句扎在质量工作做不好的核心问题上。我们佩服他半个世纪前的高瞻远瞩，也感叹他遗留下来的宝贵"武林秘籍"，五十年后的我们仍然停留在摸索学习的阶段。

质量管理的最高境界

我以前在美国福特汽车公司的上司，福特全球质量副总裁露易斯·戈泽（Louise Goeser），有一次问我怎么看她职务的终极目标（Ultimate Goal），我不假思索地回答："To eliminate your own job!"（干掉自己的饭碗）。她听后哈哈大笑，说非常酷。后来在不同场合她还拿出来说给其他同事听。有些同事跑来问我，说"你疯了，怎么乱说！"我说"没乱说啊"。质量部门不是主流业务单位，只是重要支持单位。它的最终目的是促进所有部门都能建立正确的质量意识，不断地优化业务流程、效率、防呆机制，做到"不接受不良品，不制造不良品，不流出不良品"的质量管理最高境界，也是内建质量（Built-in Quality）策略的最终目的（详见第三章)。如果真有一天达到这个境界,那还要质量这个部门干吗!不过从事质量工作的朋友也不用太紧张,据我这么多年的观察,目前还没有任何一家企业接近这个终极目标,达到这个目标将是一条极其漫长的路。

第二章

质量管理的工匠精神

什么是工匠精神

2016年3月5日第十二届全国人民代表大会第四次会议上，国务院总理李克强在政府工作报告中强调2016年工作时提出："要鼓励企业开展个性化定制、柔性化生产，培育精益求精的工匠精神。"其实企业界追求工匠精神已经很多年了，大家越来越了解质量对于企业的重要性，工匠精神追求的就是完美的质量和用户满意。不过李总理在人大报告中提到工匠精神，这个意义就不一样了。

那到底什么是工匠精神？我们今天谈质量，其中所代表的工匠精神又是什么？

大家最熟悉的例子是瑞士的钟表工匠。长久以来，瑞士钟表企业从设计到制造每一个钟表,对每一个零件、每一道工序、每一块手表都精心打磨、专心雕琢。在瑞士工匠的眼里,只有对质量的精益求精、对制造的一丝不苟、对完美的孜孜追求。正是凭着这种凝神专一的工匠精神,瑞士手表得以誉满天下。这种精神同样也存在于日本企业。我早期看过一个纪录片《寿司之神》,描述如何培养一位顶尖的寿司师傅。那种对细节精益求精的追求,对标准精雕细琢的要求,实在不亚于制造钟表的瑞士工匠。

一般而言,工匠精神是指工匠(或任何人)对自己的工作秉着精益求精的理念精雕细琢,追求完美,有一种发自内心的执着。根据近几年的一些报道,世界上持续经营超过200年的企业,日本最多,有3000多家,德国有近1000家,荷兰、法国也有200多家。研究显示,这些企业都具有追求完美的特质或企业文化,即工匠精神。不过工匠精神并没有一个共同认定的标准定义,这些能长久生存发展的企业都因各自不同的内、外在竞争环境、文化、地理时空而总结出他们自己特有的工匠精神。

这种追求完美的执着成为企业生存发展之道应该有其更深一层的原因,我认为这是人类长期以来渴望追求完美的一种诉求。对这种诉求的执着当然不只体现在企业经营上,而是广泛存在于人类文明发展的长河中。

举个明显的例子,你去中国各地的博物馆,都可以发现4000多年前新石器时代晚期(广泛分布于各地的古文化,如仰韶、齐家、红山、大汶口、龙山、石家河等)遗留下来的彩陶、黑陶、玉器。当你了解先民们是在如何恶劣的环境条件下,利用简易的工具,创造出如此精美的器物时,你就知道工匠精神从一开始就存在于我们的血液中。所以,今天的企业家并不是要如何培养工匠精神的文化,而是要把它找回来。可惜这种源自内心的追求往往无法通过公司的组织制度与操作流程来达成,只能依赖企业家言传身教地启发和传承,方式多少有点像师徒传道。如果企业家自己不具备这种精神或者不能以身作则,以为找家顾问公司,花点钱,做个活动或培训计划,就可以让工匠精神扎根,那是在做梦。

我们再看那些生存超过 200 年的欧洲企业,似乎和 18 世纪重要的工业革命没什么关系。欧洲工业革命发生在 18 世纪 60 年代,距今 250 余年,差不多就在这些企业创立之初。这些公司在发展中遭遇了巨大的冲击(人力为机器所取代)而屹立不倒,或许能归功于这种对完美追求的坚持。日本的工业革命起于明治维新,时间上要比欧洲晚 100 年,距今只有 150 年。而这 3000 多家企业无一不是早就存在多年,他们也在这场巨变中存活下来,或许也是基于相同的原因。因此,所谓工匠不应该只是定位于他们的巧手绝活,更重要的是处在各种文明、社会的变迁中仍能执着追求完美的那群人。这些人分布于社会各个阶层,上至政府、企业领导,下至底层小老百姓,无所不在。在任何时代,如果这群人数量达到一个量度，便会带动整个国家或社会"量变带动质变"，结果是整个族群将这种工匠精神融入他们的价值观内，一代接一代地传承下去，形成独特的国民精神。今日的瑞士、德国、日本国民普遍具有工匠精神的原因就是这种精神早已经转化为他们的DNA（基因）。

在这个竞争日趋激烈的商业年代，企业随时面临巨大的生存挑战。在外部环境好的时候，企业忙着扩张、抢资源、争夺市场占有率。一旦外部环境变坏，为了生存，马上裁员，降低成本。这种随时应环境改变求取生存压力下的必要灵活性使得想追求工匠精神的企业面临重重困难。因为工匠精神某种程度上是根植于公司产品、技术、人力等体系的稳定，才能不断被发掘、改进和完善，最终形成一种企业的核心价值观和文化。在今日中国快速的经济发展、快速的商业模式转换中，这也是企业老板为什么一方面殷切期待工匠精神的落实，一方面又因无力营造这种条件而充满了挫折感。

仅就企业来说，工匠精神落实在员工层面，无非是一种脚踏实地的敬业精神，表现在工作上是对工作的执着、对细节的重视，不断追求完美和极致，为客户打造完美体验的产品或服务。与工匠精神相对的，是"差不多精神"（源自胡适写的《差不多先生传》）和"搞定主义"。差不多精神就是缺乏对自己或别人严格的要求，什么事差不多就行了，不愿追求完美。搞定主义则凡事以

第二章
质量管理的工匠精神

最便捷的方法达到目的，只要问题或客户搞定了就满足，没有检讨，没有复盘，没有改进，没有沉淀，更没有完美的追求，有的只是下次遇到问题再继续搞定的心理。如果这两种负面精神充斥弥漫企业界，一代传承一代，将使企业家激发员工内心的工匠精神更显得遥不可及。

落实在质量管理上的工匠精神，其实就是做到质量的"三不"原则——"不接受不良品""不设计/制造不良品"及"不流出不良品"。做到这"三不"就是达到了内建质量的要求。

研发工程师在设计图纸时，应注重细节、追求完美，譬如在图纸上画下一条曲线之前，尽力去评估这条曲线可能对下游模具、制造、组装、测试、运输及最终用户体验产生的潜在不良风险。唯有这样，画下去的这条曲线才能不出错，满足质量要求，这就是研发工程师的工匠精神。

在对供应商的选择和生产物料的认证上，秉着严谨、一丝不苟的态度，杜绝任何投机取巧的行为。确保供应商的制程能力和稳定性，对物料质量采取严格的检测标准，不达要求绝不轻易允许交货，这就是物料工程师的工匠精神。

以极大的耐心倾听客户的声音，用专注、坚持的态度找出问题真正的原因所在，继而不断推动产品和服务的持续改进，永远以客户满意为依归，这是售后质量工程师的工匠精神。

以专业的态度，仔细评估设计图纸，吸取以往经验，考虑产线工人素质和经验，设计出生产流程及相关防呆措施、治具、测试方法，使得工人在操作时既可拦截上游流下来的不良品，也可在执行工位的标准操作程序（SOP，Standard Operating Procedure）时，杜绝不良品产生，即便产生了不良品，也能及时发现，不让它流到下一个工位，这就是制造工程师的工匠精神。

唯有所有环节上的人（包括企业家、各部门领导）都能找回这种带有某种偏执狂的执着、认真、负责、追求完美的精神，才能把工匠精神落实到公司的业务当中，才能将工匠精神慢慢地转化为企业的核心价值观。也唯有当它真正体现在产品和服务上，能让客户感受到时，工匠精神才能成为竞争对手极难模仿和跨越的核心竞争力。

对兵马俑的思考

有系统的质量管理虽然是 20 世纪 60 年代才开始的，但我认为可以追溯到远古时代先民在制作批量性器物时，由于成本、效率的要求而慢慢积累起来的一套防错、侦错方法。这套方法被用来协助管理从选料到成品的制作过程，"质量"二字虽无其名，但确有其实。从四五千年前的新石器时代彩陶、商周的青铜、战汉的玉器，到宋朝的五大名瓷、明清景德镇的精美青花瓷等，当研究其工艺及制作技巧、流程时，都能发现类似质量管控手法的奇妙运用，其中最有名的例子当属秦始皇时期兵马俑的设计及制作。

目前在陕西临潼发现的兵马俑坑有三个，一号坑最大，出土 6000 多个兵马俑和数十辆战车；二号坑出土 1300 多件兵马俑、

800余辆战车和数量庞大的青铜兵器；三号坑虽然最小，却是一个最完整的军阵缩影，包括当时秦陆军所有兵种（步、战、骑）和中央指挥所。

数量这么庞大的陶俑不但雕塑精美，比例准确，衣着纹理褶皱刻画细致，身体各种姿态惟妙惟肖，而且每个士兵的发髻面相都不一样（从脸型判断，大部分来自关中地区，其他为四川和西北少数民族），堪称世界级的经典之作（图2）。更令人惊讶的是，2000多年前秦人所发展出来的陶制、青铜冶炼、防腐、着色颜料等技术及工艺也堪称奇迹。

图2　秦始皇陵陶制兵马俑

根据秦始皇帝陵博物院与欧洲著名大学的合作研究，兵马俑的制作是塑模结合，但以塑为主，即首先用盘泥条法塑成俑的粗胎，经二次复泥加以修饰和刻画细部。俑头和手借助模制成粗胎，再进行细部的刻画。俑头是分前后两片分别制作的，然后黏合在一起，每个俑的头发丝都清晰可见。在头、手、躯干分别制作完成后，再组装套合为完整陶俑。兵马俑在刚发掘出来时仍是彩绘的，十分漂亮，发掘出来后，颜料碰到空气迅速氧化，色彩消失。

这么大批量的制作，包含重复性的基本胎体制作和后期加工显现的差异化，一定有其整套的流程设计。从工匠选拔、培训，来料检验、淘泥、掺砂、烧结、上彩，到青铜的块范模制作，加工打磨，组装、检测等，无一不需要一套质量监控系统来确保每一个环节符合设计的要求。

经过几年的研究，科学家破解了兵马俑的制作流程。它们不是以流水线的模式生产，而是以群组的形式生产，这也是今天批量生产的两种基本模式。流水线生产模式（Assembly-line Production）广泛用于规模化、讲究高效率的汽车、手机等硬件制造业。模块生产（Cell Production）则是在批量中存有较多差异化时较为合理的生产模式。两者最明显的不同是前者是多个工人按不同工序依次加工一个部件，后者则是一个部件尽量由一个工人独立完成，也称小作坊生产线。兵马俑制作采取的是后者。

兵马俑最终质量的关键在于掌握烧结的火候。明末《天工开物》谈及古代烧制陶砖时说："凡柴薪窑，火足止薪之候，泥固塞其孔，然后使火转锈，凡火候少一两，则锈色不光；少三两，则名嫩火砖，本色杂现，他日经霜冒雪，则立成解散，仍还土质。

火候多一两,则砖面有裂纹。多三两,则砖形缩小裂,屈曲不伸,击之如碎铁然,不适于用。"说明了掌握火候在烧结过程中的重要性。火候低,变成夹生的"嫩火砖",温度过高则不是炸裂就是变形。兵马俑的烧结温度和一般古陶器一样,在1000℃左右。在烧造过程中,窑工利用观火孔和火照控制温度,前者是目视管理(质量管控最有效的方法之一),后者定时从观火孔抽出制品以判断生熟,属于过程抽检(也是制程中最常用的质量手法)。

兵马俑体型大,由于结构强度要求,不同部位陶胎厚薄不一样,这为烧造带来很大的困难。因为窑内温度对单一陶俑而言差异不大,薄的地方烧结好了,厚的部位则可能烧不透(专业术语称"夹生")。为了避免这个问题,工匠们将厚的地方切薄,在内、外部表面加上泥棱,产生加固作用(此法一直用到民国初年的瓷板画制作)。如此不但使陶俑受火均匀,不易生烧变形,而且可以降低兵马俑的重量,节省材料和搬运成本。这种加棱做法在今天的硬件设计上屡见不鲜,属于设计质量(Design for Quality)的环节。

另外一个重要的质量管控手法,非常类似于今天大批量生产体系里的追溯管理(Traceability Control),也就是在产品出现质量问题时迅速地追查问题发生的源头、时间、地点,进而估算受影响的批次和数量。今天我们通常使用条码(Barcode)来解决这个问题。远在战国中期,聪明的秦国管理者就已经发明"物勒工

第二章
质量管理的工匠精神

名，以考其诚"的制度，也就是在兵马俑的不明显处或衣襟下方刻画陶工的名字。这样一来不但可保证产品的质量，也能有效控制和监督工匠，一旦出现错误，管理者可以追溯责任。这种签名制度属于发生端质量管理，在今天的生产流程中，见于进料检验（IQC，Incoming Quality Control）、电路板贴片（SMT，Surface Mount Technology）制程里的上料程序，以及组装和测试工站的不良品抽检核实、门禁系统等。

今天只要一提质量管理，不论方法论、技术还是理念，都被认为是来自欧美先进工业大国。殊不知早在2000多年前，秦人就已经发展出一套完整有效的质量管理方法，应用在大批量的兵马俑生产上。虽然彼时无"质量"二字，但仔细分析，工业界常用的质量管理手法基本在出土的各种资料中随处可见。

所以不论工匠精神还是质量管理，在我看来都不是舶来品。聪明的中国人早在数千年前就已经总结、使用了。然而为何今之国人视而不见？原因无他，除对自己的文化、历史缺乏了解外，没有自信罢了。

第三章

怎么制定质量策略

何为策略

策略与战略同义,只不过后者多使用于实际战争中,前者则广泛应用于商业。著名战略思想家李德·哈特(Basil H. Liddell Hart, 1895~1970)把战略定为"间接路线"。他研究了30个战争、280多个战役后,发现其中只有6个是用直接路线获胜的,其余均属于间接路线的范畴。他总结说:"间接路线是最有希望和最经济的战略形式。"他指的间接路线不只是地理意义,也是更抽象的。在战争中,名将制胜往往采用最危险的地理上的间接路线(譬如山地、沙漠、沼泽),而不愿走容易的直接路线。抽象的间接路线涵盖政治、经济、心理多种形式。

对比中国的战略思想,李德·哈特的间接路线就如同刘邦对项羽说的：吾宁斗智不斗力。斗力是直接路线，斗智则是间接路线。用《孙子兵法》来表达（见《孙子兵法》第五章——"兵势篇"和第七章——"军争篇"），直接就是正，间接就是奇。所谓间接路线不仅是迂直之计，也是奇正之变。孙子评论将领时把"智"列为第一位（其余为信、仁、勇、严；见《孙子兵法》第一章——"始计篇"），也就是主张战略是斗智，即作战以间接路线为主。

富士康集团总裁郭台铭对策略的定义只有六个字：方向、时机、程度。这是把策略的要素分解开，任何一个有意义、可执行的策略必定要包涵这三项要素。如果从战略角度分析这六个字：方向即是战争的目标；时机不外乎选择对手期待最低或抵抗最弱的机会；程度则是在目标不变的情况下，根据环境变化而有所进退。这基本也符合李德·哈特抽象的间接路线的实际应用法则。

被誉为"台湾经营之神"的台塑集团创办人王永庆先生说过："策略就是去问我的客户的客户需要什么。"这恐怕是诠释间接路线最直接、最易懂的例子。

我之前在富士康的领导、担任手机事业群 FIH 首席运营官（COO）的程天纵先生把策略定义为：策略就是一种选择，在诸多可以达到目的地的路线中，选择一条。这和李德·哈特解释战略的某种特性，即战略计划和部署都必须有弹性而能适应所隐含的有所选择是一致的。

然而我们谈质量策略，它不是独立存在的，它一定和企业的策略相辅相成，并且要和企业的愿景、使命、核心价值观相结合才能发挥功效。建立任何质量体系和策略也应该从制定公司的愿景、使命、核心价值观开始。以下是我曾参与制定的一个案例供大家参考，至于具体的方法论，这里不再详述。

质量体系的愿景（Vision）
让公司成为全球无线数据终端产品和服务的质量领先者。

质量体系的使命（Mission）
持续改进产品、服务质量，不断满足并超越顾客对质量的要求和期望。

质量核心价值观（Core Value）– 对应 – 公司核心价值观

客户满意	→	成就客户
早发现早解决	→	赢在速度
锲而不舍	→	天道酬勤
持续改进	→	自我批判

所有质量策略都不可以离开前面这三项指导原则，否则策略的效果会大打折扣，或是在执行中不能聚焦，产生不必要的浪费。

质量要做好，道理和作战一样。战争的准备要比战争的进行更重要。在战争准备中，精神（意识）又重于物质。人民必须知义、知信、知礼，然后始可一战。同样，质量工作首重为全体人员精神的培养和策略的制定，然后方可在执行中知进退，掌控全局。

质量人要以孟子所说的"富贵不能淫，贫贱不能移，威武不能屈"的气节自许，在各种重要环节上把好关，绝不松懈。在执行质量策略时要秉持"法在渐不在骤，在实不在虚"的原则，也就是不可急功近利，必须稳扎稳打，脚踏实地，逐步推动。

客户满意度测量

质量策略的目的是用户满意,定策略前先得了解怎么进行客户满意度测量。在这里我将用户和客户混用,不区别他们的不同。据欧美市场研究,50%~70% 的用户会因为他们被忽视而放弃这家公司的产品,而因为产品本身因素的只占 20%~30%。当然这个比例在中国市场可能不同,尤其是在以性价比为主导的商业渠道,价格的比重会明显增加。但无论如何,企业都应该致力于维护良好的用户关系,从了解用户的需求,设计出用户满意的产品,到提供速度快、服务好的售后服务。

由此,怎么衡量用户满意度变成一个迫切的课题。在 20 世纪 80 年代,日本东京理工大学的狩野纪昭教授(Noriaki Kano)提出一个量测的方法，简称卡诺模型（Kano Model），卡诺是音译。他把用户对产品和服务的需求分为三种类型（图3）。

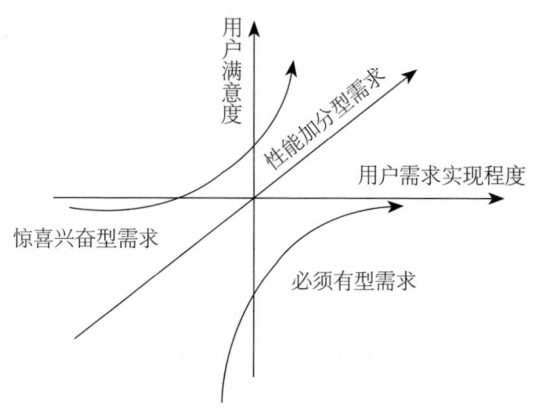

图3　卡诺模型

第一种是必须有型（Must-Haves），也就是没有满足这些需求，用户连买都不会买。反过来说，就算把这些需求做到了超过顾客的期望，顾客并不会对此表现出更多的好感。对于他们而言，满足这些需求是理所当然的。典型的例子比比皆是：汽车的刹车，冰箱的制冷，手机能开机打电话，电影院的准时放映等。换句话说，把这些功能做到过分极致不见得能引起客户的共鸣，反而可能产生"俏媚眼做给瞎子看"的结果。

第二种是性能加分型（Performance Attributes），指的是用户的满意度与此需求的提供程度成正比。性能加分型和"必须有"型不一样，它们并不是非有不可，但是如果产品或服务提供越多这些性能属性，用户的满意度会越高。反之亦然。譬如跑车的马力，汽车里放杯子的杯座，售后问题的服务态度和速度等。

第三种是惊喜兴奋型（Satisfiers），是指用户原本未期待的需求得到满足。一旦出现这种情况，用户的满意状况会急速上升。反之，即使在这种不事先期待的需求不被满足时，顾客也不会显出明显的不满意。这种用户高期望值需求的发掘正是企业要努力的方向。能提供出乎用户意料的产品或服务，使顾客产生惊喜，必定能提高用户的忠诚度。例如，一辆高性能、大马力的跑车居然十分省油；一款千元智能手机开机时间短、上网速度快，还非常省电；一家酒店虽然是三星级的价位，提供的却是五星级的质量和服务等。

卡诺模型除了对用户满意度做了一个清晰的分类，同时也提供了一套量测方法，主要有两点：首先，找出产品和服务与客户的满意度相关属性（Attributes），譬如使用时的各项体验、可靠性、弹性、尺寸、重量、速度、声音、味觉等。然后，设计一张用户问卷，将每一种属性分为从非常满意到十分不满意的评分区隔（5~10等）。

利用这个问卷收集用户的反馈，在坐标系上画出这三种分类曲线。不过，要有效地使用卡诺模型来找出与用户满意度相关的属性，及该属性又属于哪一需求分类，这是一件非常烦琐的工作，最大的困难在于需要大量有效的问卷数据，否则很难有实质效果。

不幸的是，我看到许多公司在使用卡诺模型时，因缺乏耐心或资源投入，到最后都变成内部少数人"拍脑袋"决定结果。失去真正的用户反馈，卡诺模型的结果只能是一个模拟假想而已。

除了卡诺模型，还有其他分类模型被企业使用（虽然量测的方式大同小异）。譬如将满意度分为基本质量、感性或感知质量和魅力质量。基本质量主要指的是安全性和故障管控。感性或感知质量涵盖面最广，除了实用性和兼容性，从外观、图像、声音体验到销售、服务的感受都属于这一级别。魅力质量则是通过趣味、感动让用户产生幸福、骄傲、自豪的感觉，属于最终级别的用户体验。

这些不同的分类虽然名称叫法不同，但我认为基本都出自卡诺模型。国内企业一般不太重视用户满意。这句话许多人可能不同意，我的意思是很多人都是嘴上挂着用户满意，但心里并不清楚用户满意到底是什么意思。

这有两点原因：一是没有方法论，想把用户满意量化但不知道怎么做。这个比较容易解决，愿意学就知道了。

另一个原因比较难解决，因为牵涉到观念，也就是不理解什么是用户满意。为什么不理解？因为没体验过。以服务来说，我们从小到大，从去餐馆、坐火车、到旅游景点游玩、住酒店，到找售后咨询、处理维修等，基本都没有真正感受过被当成贵宾一样的招待和服务。普遍缺乏自身的体验，有朝一日轮到自己来设计产品或服务时，基本跨不出自身的经验，做不好就不足为奇了。

四项典型策略

质量策略各家说法不同，因为使用的性质、环境不同。这里还是以制造业为例，提出四项典型策略：内建质量，早发现早解决，标准化和组织能力。这四项策略各有各的功能和重要性。我们可以用图4的简单房屋结构来表示（因为房子对大多数国人来说太重要了）。

房子的屋顶象征着质量策略的最终目的：达到客户全方位满意。全方位指的是从客户的售前咨询开始，经过售中购买流程、使用体验，一直到售后维修服务，其间对产品与服务的满意都是质量策略要涵盖的。

支撑屋顶的两支柱子——内建质量和早发现早解决，则是客户满意的左右两大护法。没有它们,屋顶就会摇摇欲坠。

而整栋房屋的稳定、结实、抗灾、抗震,就需要依靠标准化和组织能力这两块基石。基石最容易被忽视,但却是实现客户满意的重要促成者(Enablers)。

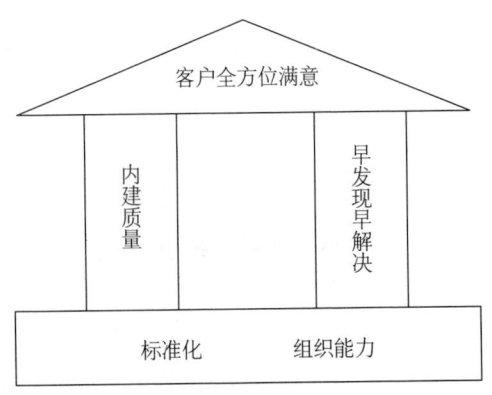

图 4　质量策略屋

内建质量

内建的原文 built-in 的翻译是"内置、嵌入"的意思,我把它翻译成"内建"是觉得对质量体系而言,这个表达较为贴切。内建质量是所有策略中最困难的,也是质量挑战的终极目标,如果有一天真能做到,那么企业就不再需要质量部门,质量工程师也都可以下课了。从今天来看,这还是非常长远的目标,不过虽然遥不可及,其重要性却超过其他策略。可惜大多数企业看不到这一点。

举个例子,一个简单的排线连接器,如果装反,要一直等到电流测试才能被发现。如果把接头形状做成不对称，装反时插不进去，则可以预防错误发生。这种防呆装置如今在组装设计上普遍使用，它就属于内建质量保证的范畴。

内建质量其实就是在某一个特定范围里的"三不"政策：不接受不良，不设计或制造不良，不流出不良。这个特定的范围可大可小，一个人如此，一群人、一个工厂也适用。以一个工人为例，内建的意思就是他有能力不制造不良品，或者当他不小心生产出一个不良品时，能够及时发现，不让其流到下一个工序。在今天的流水线生产模式下，要做到每个工位内建质量是非常困难的，所以才在下游布置了许许多多的检测来围堵这些不良品。

不过从整个工厂来看，如果这些不良品都能拦截下来，不流到客户端，也能算是工厂整体做到了内建质量。然而，从个人到工厂，至今我都尚未看到过真正持续有效的内建质量体系。但即便这是一个很难企及的目标，我们也不该放弃。

早发现早解决

质量管理的基本思路是上游管控，也就是"早发现早解决"。这句话再简单不过，可是要想建立有效的"早发现早解决"机制并不容易。以生产来说，来料的抽检不能保证上线的材料100%没有不良品，产线上的工人不可能不出错，机台用久了不可能没有瑕疵，测试仪器也会有校准或量测不到位的时候，品检也有眼花误判的概率。凡此种种都会产生不良品或将不良品放出去。要想杜绝不良品流出，就得从头到尾设置许许多多的风险预警、识别装置等来"早发现早解决"。

但不是所有不良品的产生都能及早识别，譬如汽车车身钣金的焊接。一辆汽车全身有3000多个焊点，其中十分之一是和安全相关的，如果焊点的强度不够，当碰撞发生时，这些焊点就会撕裂，可能造成车身重要结构变形或断裂，使乘客受伤。焊点强度是否足够，取决于焊接时的诸多参数，而焊完后的焊点好坏是很难用肉眼分辨出来的，又不能把焊点一一撬开检查焊接面，所以对这个重要隐患的"早发现早解决"就成了车身焊接厂的难题。到今天各大汽车公司都无法找到一个方法保证100%的焊点在强度标准内。

再举一个红酒的例子。欧洲所有的葡萄酒庄都种植了美丽芬芳的玫瑰，其目的不是为了装饰庄园而是和葡萄的生存有关。在气候潮湿的地区，葡萄容易感染霉病和虫病，尤其容易生长一种叫根瘤蚜的小虫。根瘤蚜是蚜虫的近亲，是一种能引发葡萄疾病的害虫，其所引发的葡萄瘟疫曾经几乎摧毁了19世纪法国的葡萄栽培业。这种蚜虫一旦出现在葡萄枝上就已经来不及抢救，眼看一年的辛劳化为乌有，葡萄园老板始终找不到解决办法。经过几十年的努力，最后是修道院的修士发现这些蚜虫似乎更喜欢玫瑰花，如果在葡萄树旁种上玫瑰花，即可能引开蚜虫，也可以提前发现蚜虫,从而可以获得些宝贵的时间来抢救葡萄。玫瑰花就成了保护葡萄的"早发现早解决"的预警机制。这是苦思了半个世纪才想出来的方法。

标准化

一般所谓标准化,是指为了运行工作流畅、提高效率,对作业方法的质量、数量、时间、程序等制定统一的标准和规定。标准化执行得越到位,对员工技能的依赖程度越低,新员工熟练上手就越快,变更管理越不容易出错,公司、部门就有时间推动持续改善。改善后的作业流程立即标准化,促使持续改善和标准化间形成一个良性循环。丰田有句名言:"标准化做得越好,团队的应变能力越强。"譬如它使得企业在季节性人力调整上更具弹性,在成本、效率上更有竞争力。所以标准化不是僵化,可惜许多人没明白这个道理。

丰田的生产体系之父大野耐一(Taiichi Ohno)说过:"标准工作程序是丰田生产方式中的重要组成部分。生产线员工要有能力写出一份让其他人明白而且可以重复操作的标准工作程序,并且注明这份程序的重要性,如避免安全意外,防止产生不良品、操作失误等。这样才能维持高效率、高质量生产。"他认为标准必须是确实可行的,唯有授权员工的标准才能真正可行,并持续改善。把标准的拥有权(Ownership)授予员工,就是把员工当作问题的发现及解决者，而不是一群只知道执行命令的工具。多年来我在国内推动公司级质量月活动，其中非常重要的一环就是一线员工的自主质量报告和对自己的标准工作程序持续改善。基于各种原因，他们虽然没有机会或能力自己写 SOP（Standard Operating Procedure，标准工作程序），但这些活动加强了他们对自己工作程序的拥有权。这就是大野耐一所说的激发员工主人翁意识。

这么多年来，我极少见到一线员工自己写 SOP，基本都是工业工程师或制造工程师写完后，由产线组长或技术员指导一线员工学习、执行，然后打印挂在工位上方。因为一线员工对这份极其重要的标准工作程序缺乏拥有权，故在执行中有时会随意添加自己的理解，擅自更改操作程序，结果造成许多不良品。不过，当工厂引进的都是非常年轻、低学历、缺乏训练的工人时，要想实现员工自己写 SOP 的确有点不切实际。我记得当年参观英国著名的汽车厂捷豹（Jaguar）时，惊讶地发现他们生产线上所有的 SOP 都是作业员亲笔写的，基本体现大野耐一的主张，令人十分敬佩。不过这些员工的资历都相对很高，超过十年以上的比比皆是。

丰田汽车认为，要实现持续改进，必须先把流程标准化。如果作业流程杂乱无章，经常改变，任何针对此流程所做的改进都是无用的，因为无从对比。丰田公司的标准化不仅仅使作业人员的工作可重复且有效率，而且已经应用到白领阶层的工作流程中，在丰田公司任何一个角落我们都可以看到标准化的影子。

流程标准化一般有几个目的。首先，减少对人的依赖。因为每个人都不一样，人对流程的干预越多，出错的机会越大。通过标准化能降低这个干预，使质量变好。当产线出现不良品时，最先要确认的是员工是否按照标准工作程序执行操作。其次，标准化有助于提升生产效率，也就是 UPPH（每人每单位时间的产出）。这个重要生产指标是根据设计的工位、工序、流速计算出来的，因为标准化可以消除许多无效的动作、时间，把浪费及工位循环时间（Cycle Time）降至最低。

标准化的第三个目的是通过标准作业找到做得尚不尽完美、还可以再改善的地方。标准化有助于在出现问题时追溯、查找问题的原因，否则就很难分辨到底是人为还是操作标准出了问题。准确、快速查找原因能使工作流程加快、作业手法不断改善，从而既提高工作效率，也同时激发、培养员工持续改善的积极性。这是标准化最重要的功能。

质量策略中的标准化和上述生产制造中的标准化观念上并无不同，只是把标准化的观念应用在质量工作上。严格来说，没有标准就无所谓质量。将质量工作标准化更有助于达到质量标准，譬如批量生产一个零部件，将制造、加工、组装、检测这个零部件的作业流程和方法标准化是达到高质量标准的不二法门。

标准化的推动不是写一堆 SOP 挂在生产线上就可以，它的成败有赖于从上到下对标准化的尊重，尤其是在领导岗位上的管理者。我曾经参观丰田在日本生产雷克萨斯（Lexus）的组装厂，他们的质量总经理陪同我参观安装引擎的生产线时，恰好碰上亮红灯停线，这位质量总经理毫不惊慌地站在我身边。只见小组负责人跑过来，询问工人情况，然后和员工一起处理异常，最后确认问题解决后，把红灯关掉，恢复流水线运行。然后才转身拿起身边电话，向上级报告处理经过，从头到尾完全按照停线标准作业规范。我身边的质量总经理只是静静地看着，从头到尾不出一声，也不干预这位小组负责人的职权，只在他放下电话后才召唤，大致询问一下事发经过。整个处理过程进行得平顺、自然，让我十分惊讶，因为当时在美国的丰田厂还做不到这种程度，在那里，每当停线发生，总会有一群人冲到现场协助排除故障，希望赶紧恢复生产。这种做法无形中破坏了标准流程，往往该负责处理问题的小组负责人反而闲待在旁边。

组织能力

自古以来，不论政府或企业，不同的环境决定了不同的管理与组织体制。承平时代的环境适合论资排辈与稳定雇佣的体制，但在严酷竞争的环境下，则需要唯才出头、人力流动的体制。这里强调的质量策略不是组织的体制设计，而是在不同的竞争环境

第三章
怎么制定质量策略

下如何有效地发挥解决问题的能力。

这个组织能力，以我的经验，和个人学历或聪明程度并无太大关系。因为如果把聪明但不懂得合作的人放在一起，他们的聪明可能会互相抵消。反之，就算不怎么聪明，但互相团结一致，其效果也会十分惊人。我们看看蚂蚁和蜜蜂就很清楚了。

2007年7月，《国家地理杂志》有一篇名为《群体的智慧》的文章，讲述一群英国的动物行为科学家花了12年研究蚂蚁和蜜蜂。原本他们的目的是想要了解蚂蚁和蜜蜂的聪明才智，后来发现蚂蚁并不精明，精明的是蚁群。个别的蚂蚁只是一只只"小笨瓜"，然而一旦形成群体，却能对环境做出迅捷有效的反应，它们靠的就是所谓"群体智慧"，也称为组织能力。

群体智慧的道理是简单的动物遵循简单的规则，每个个体根据局部资讯行事。蚂蚁群的成功关键在于没有谁是老大，既没有蚂蚁将军，也没有蚂蚁经理，蚁后只负责产卵，并不担任领导角色。一个蚁群通常可以多达50万只蚂蚁，而能成功地自我运作，譬如避险、觅食、修缮蚁窝、搬家等，这基本靠的是这些"小笨瓜"间数不清的互动。每一只蚂蚁都依照简单的法则行事，譬如觅食蚁"出任务"前，一定要和数只回来的巡逻蚁碰一下触角，交换情报后才外出。如果碰触的巡逻蚂蚁数量不够，觅食蚂蚁会选择等一等再出去，因为可能外面没有食物或不安全。这个规则很像流水线上质量管控的停线指标（Tip Level），即不良品数量在一定时间内超过规定数量就得停线不再生产，否则风险太高。

根据这群科学家的观察，蜜蜂的群体智慧和蚂蚁在许多方面类似，除了它们不用触角沟通，而是摆动身体跳舞（这舞里面一定包含了一些密码）。更有趣的是，科学家发现，蜜蜂的集体决策也同样不是依赖某一个领袖，而是广纳不同选项，鼓励各种想法自由竞争，并用一种有效的机制缩小选择范围。实验发现，蚂蚁和蜜蜂似乎都能"数数"，因为很多决定都和数目有关。这种决策方式其实和人类的开会模式很像。如果主持人能鼓励不同意见，博采众议，最后进行不记名投票，通常都能获得很好的结果，而一般人也都愿意接受这样的做法。

这种"群体智慧"也被美国军方用实验证实的确有效。2004年，他们设计了类似蚂蚁、蜜蜂的机器人群，每个机器人有不同专职功能，譬如运送东西、爬墙、越过障碍、观看四周然后将资讯传给其他机器人等。结果证实这群机器人的确能够通过各种信息交换完成许多单个机器人所不能完成的任务。

这些群体智慧的研究成果披露后，被许多企业加以利用，譬如美国德州一家气、液体公司和西南航空公司都开发出利用蚂蚁、蜜蜂群体智能的软件，成功地运用在选择最佳配送路线或飞机起降、停靠的时效上。甚至谷歌的搜索引擎也用网络的群体智慧来决定某一个网站的重要程度。

群体智慧在处理质量危机时非常有效，因为质量问题通常牵连不同的职能、部门及供应商等。因此，从确定影响范围、围堵止血，找原因、想对策，验证和导入改进等方法着手，情况往往十分棘手复杂，绝非任何一个人能够处理。如果能将相关部门、人员集合起来，运用群体智能，问题解决的速度和效率就会好很多。

不过，想成功地发挥群体智慧有个极重要的条件，就是每个人要像蚂蚁、蜜蜂一样，以负责任的态度行动。如果每个人都在模仿他人或等着别人来告诉自己怎么做，这样的群体是发挥不了什么智慧的。我组织过无数次的危机小组处理重大质量问题，说实话，虽然我们个人远比蚂蚁、蜜蜂聪明，但是论群体智慧的展现，我们人类还差得很远。

根据本章开始时对策略下的定义，质量的策略就是"消灭"不良品，那么直接路线就是处理这些不良品，间接路线则是预防不良品产生（内建质量）或在不良品呈燎原之势前就把星星之火扑灭（早发现早解决）。因此，我提的质量策略应该也属于间接路线。至于作为基石的标准化和组织能力算是两大主要策略的促使策略（Enabling Strategy）。

总结质量和其策略涵盖的一些基本观念：

1. 质量最终是由客户判定的；

2. 只要是被我的工作影响的就是我的客户；

3. 最简单的质量定义就是永远不要造成客户的不方便；

4. 质量越好，成本越低；

5. 企业没有质量就没有成长；

6. 顶级的质量是通过自我内建实现的；

7. 质量的基本理念是上游管控，早发现、早解决；

8. 持续改善质量永远没有终点。

设计质量月活动

常常有人问我:"不是说质量是生命线吗,那为啥还要举行质量月?难道其他月份就不重视质量了吗?"听起来好像没错,但是质量月的目的不是让我们一年中只有一个月重视质量,而是希望通过质量月的活动增强全体员工的质量意识,使其融入我们的日常工作中,这也是"内建质量"策略里重要的一环。

设计质量月活动首先需要确立本年的主题和实施范围。每个企业的质量意识、文化程度不同,质量管控的能力也不一样,故主题和范围要考虑企业实际情况和需求,才能发挥真正的功效,否则极易流于形式、口号、标语,变成做比不做还糟糕。我举一些我过去实施过也还算成功的例子。

一、确立活动主题

  1. 推动 PDCA 循环（详见本书 109 页），培养跟自己较劲、永不满足的精神；

  2. 早发现、早解决，防止不良品流出；

  3. 持续改进，追求极致。

二、设计相对应的活动口号

  工匠精神是耐心、专注、坚持的精神；是跟自个儿较劲，永不满足的精神！

  早发现、早解决、早验证，研发和制造过程中发现的问题不能轻易放过！

  不放过任何质量问题，寻找根因，持续改进，实现客户全方位满意！

  运用"五个为什么"来寻找问题的根因！

  质量是设计出来的，是制造出来的！

  每一个员工都是领导质量改善的先锋！

  客户是我们存在的唯一理由，客户满意是我们成功的关键！

三、设计相关活动

  质量月相关的活动要切合主题和范围。范围不一定是全体员工，有时候针对某一类业务或职能，反而更能聚焦，效果更好。

记得有一年我们公司专门做了一次人力部门的质量月活动，目的是促使所有人力资源同仁思考怎么定义"客户"，如何优化流程等。这些人力部门的同仁之前基本没接触过质量意识培训，刚开始一头雾水，不知从何开始，闹了不少笑话，但是一个月过去，活动结束时，他们还真取得了一些令人刮目相看的成果。

例一：工程师改进论文大赛

我发现让员工谈论质量为什么重要并不难，但要他们写出一篇短文表达自己对做好质量有何看法却不是那么容易。正好可以利用质量月这个机会，让所有工程师都仔细思考，根据定好的主题，从自身岗位业务或相关业务着手，写下他们对质量改进的建议或想法。令人高兴的是，这个活动每次都能让我读到不少写得很好的文章。

例二：生产线品管圈小组（QCC，Quality Control Circle）质量改进竞赛

如果企业没有 QCC 组织，可以临时编组。活动内容最好由 QCC 小组长和成员自己决定，包括用什么质量指标和量测数据。订下目标后备案即可，否则他们会把这个当成另一项领导交付的任务，活动的意义和效果就会大打折扣。活动结束后，除了评比并选出表现杰出的 QCC 小组并给予适当奖励外，最好能举办一个庆祝大会，邀请所有小组和企业领导参加，让优秀小组上台展现成果，这样可以让其他未获奖小组观摩、学习。

例子三：一线员工发表《自我质量改进宣言》

一线员工即一般所谓的蓝领，在工厂里负责生产、测试、品检、物流、仓储等，是我认为最重要也不幸最被忽视的一群人。《自我质量改进宣言》是在自发的原则上，由一线员工对自己所在岗位提出自我质量改善的建议，以达到全员参与质量改进的目的。我规定他们提交的每份《自我质量改进宣言》必须经过上两级主管确认并批复，以确认改进建议的有效性。优秀的宣言会在公司宣传栏进行张贴，给予奖励。我们大多数的一线员工年纪轻，学历和文化程度不高，缺乏社会经验，他们拿着最低工资，每天被呼来喝去，在工厂的最大价值就是执行标准作业程序。很少有人关心他们在想什么，对自己的工作有什么看法，怎么改善，但公司的每一个产品却是靠他们的双手生产出来的。

当你看到工厂满墙贴满他们对自己工作的分析和改善意见时，不只会惊讶于他们的认真、切中关键，还会发现许多改进意见都非常中肯，只有双手每天摸着产品的人才能有这样的体会和发现。我每次站在这几百上千张错字连篇、笔画歪歪扭扭的"宣言"前，都会感动且感慨不已。企业领导应该正视你们身边宝贵的员工，别浪费他们的头脑资源。

制定质量 KPI

KPI（Key Performance Indicators，关键绩效指标）长久以来为中外企业所广泛使用，虽然这个词目前只在企业界流行，KPI 的观念却伴随我们从出生一直到生命结束。从出生时身高和体重的变化，到几岁走路、几岁讲话，到上学时的旷课时数、考试成绩、排名、考进什么重点学校、交什么朋友……这些都属于父母、亲友、师长为我们定下的 KPI。

等你求学过程结束，进入社会，本以为自己长大了、独立了，可以自己订立未来奋斗的 KPI，才发现，公司、单位里还有一堆 KPI 在欢迎你的到来。从考勤到各种指标等，任何一个企业都有少说数百、多至几千的 KPI。领导们似乎还嫌不够，每到新的财年，总能替各部门多加上一些KPI，仿佛不这样做就无法显现自己的管理能力。结果造成企业内部KPI泛滥，人人头疼。

老板们总认为KPI是行动和效率的驱动者，有了KPI就好像找到了万能钥匙，从此各级管理层和员工自然会在KPI订立的目标驱动下奋不顾身地干活，而自己就可以轻松一下，躺着做事。

我这样说好像是在反对KPI，其实不是，而是要指出一般人犯了不理解KPI的本质和目的的错误。制定一大堆自以为是的KPI不但帮助不了企业，反而会让各部门束手束脚，降低合作的意愿，各自为政，最后牺牲掉企业整体的利益。

KPI从本质上分为两类性质：过程（Process）和结果（Result），两者同等重要。可惜大部分企业在"只达目的，不择手段"的观念驱使下，99%的KPI都是结果导向的。这点在我经历过的美、日、台、大陆企业里基本一致。原因无他，结果KPI比较客观，量测也容易，尤其对位阶高的领导，本来就得为运营结果负责，KPI都是结果导向似乎也没什么不对。但是他们忘了，结果是由过程产生的，企业里的任何结果都是由一群人执行一系列的流程产生的，如果只监控结果不看过程，非常容易乱套。一旦结果KPI出问题，回过头来找原因就得花费极大的工夫，浪费许多时间。过程KPI的设计是辅助结果KPI的，是结果的预警机制，是质量策略里"早发现早解决"的体现。可惜好的过程KPI不像结果KPI那么显而易见，以致制定的过程KPI往往和结果没什么关系,变成被考核人捡便宜的拿分项。大家既然不愿意仔细分析关键过程,最后只好把过程KPI拿掉,只考核结果。这就是不了解KPI的本质。

另一个本质上的错误是大家不清楚很多KPI之间是不相容的,会彼此打架。也就是说你把其中一个KPI做好了,有可能会造成另一个KPI的下滑。譬如在现有的生产线上想要提高质量标准,提升出货品质KPI,势必会造成不良品增加(我是说在所有其他条件不变之下),产线的生产效率降低,既而直接影响交付KPI。如果用加班来弥补不良品造成的产出下降,那就会使得制造成本KPI增加。所以好的KPI设计的第一步就是仔细分析了解KPI间的互动关系,然后根据现阶段的能力设计出一组彼此平衡、相辅相成的KPI。

第三个错误是不理解KPI的目的。KPI不是让领导拿来管理下属、打分评高下的(虽然它具备这样的功能),KPI真正的目的是及时展现缺失和风险,进而督促被考核人"早发现早解决",及时改进。

这种错误的想法可能来自学校教育。我们的教育体制喜欢把学生分类,分好坏。怎么分呢?考试,打分数!到了企业也一样。我怎么知道哪个员工表现好,哪个不好?弄一大堆KPI给他打分。每一季、每年都打。打完了,凭分数排高下,前10%的加薪发奖金,后10%的末位淘汰。可惜这种"KPI阴谋论"被员工一眼看穿,接下来大家展开一场KPI游戏,想着办法改写KPI,去掉风险高、不易拿分的 KPI，或者和别的部门"谈条件"，共享各自拿手的 KPI；最后大家的 KPI 都是"软着陆"，不会拿低分。请问每当新财年开始之际，有几家企业不经历这场荒谬的游戏？这样定出的 KPI 对公司业务持续改进真的有用吗？

第四个错误是借"同舟共济，有难同当"的精神把一些关联不大的人或部门同时拉进某个 KPI 里。譬如在一名制造工程师的年度 KPI 里加上一项承担公司全年营业额的指标，那么这名工程师在他的业务范围里能对公司整体营业额起到多大作用？既然不到千分之一、万分之一，那么对这名工程师的绩效考评公平吗？也就是说，考核的 KPI 一定得是当事人至少能掌控 70%~80% 的关键且可量测业务，否则怎么让他全心全意地去完成 KPI？不幸的是，这种强加无关或微小关联性 KPI 于个人或部门的情形，在企业里屡见不鲜。结果不但没起到正向的激励作用，反而摧毁了士气，逼得有才能、有抱负的员工最后选择离开。

经过精心设计的 KPI 的确对公司发展有莫大的帮助，企业借着这些关键指标的变化和趋势能随时知道自己所处的位置。如果指标开始下滑也能及早发现风险和问题，启动避险和解决之道。其实与其沉迷在 KPI 越多越好的神话里，企业更需要的是团队、部门、员工之间的合作，只要有几个能协助他们持续改进的关键 KPI 就可以了。

举个自己的例子来说明。当年我同时管理七八家工厂，为了有效评估这几家工厂的质量能力，督促他们持续改善，我们设计了一套"回归基本面"的质量资源配置 KPI，其中包含一项质量结果 KPI（也就是考核他们质量表现的指标）和四项关键过程指标，也就是质量资源配置（人、机、料、法、环）的 KPI 组合：

1. 质量人数占工厂总人数比例（占 30%）；
2. 质量工程师和检验员配比（占 30%）；
3. 总质量检验设备覆盖率（占 20%）；
4. 生产稳定性（稼动率）（占 20%）。

在整个设计过程中，我们团队不断地尝试不同的过程指标和外部的结果指标做统计对比，最后锁定了这四个关键过程指标。后来当我们把这七八家工厂的全年结果和过程 KPI 得分画在坐标系上时，惊奇地发现它们之间的统计相关性高达 90% 以上，也就是说这四项 KPI 的综合得分能够解释 90% 以上的量测结果。我们称它"回归基本面"，即这四个指标都是工厂管理中最基本的。结果显示，其中几家质量持续表现良好的工厂都是一直坚守这些基本面，不论外在环境和情势如何变化都没放弃。

当我们把这个发现告诉这些工厂时，大家都非常惊讶，也非常兴奋，因为能找到一组有效的 KPI 是所有管理者梦寐以求的事。后来大部分质量落后的工厂都把这几个指标列入他们最高层的 KPI，经过一段时间的努力，他们的质量表现也都有了显著的提升。

第四章

质量管控的基本手法

这章介绍几种常用的质量管控手法。这些方法的使用细节及图表的制作可以轻易地在质量专业书籍里找到，不是本书的重点。这里要强调的是它们背后所代表的观念以及使用方法。

点检表（Checklist）

点检表是最简单有效的质量管控方法，也是最容易被人忽视的方法。许多生活和工作的错误及浪费都是因为缺了这么一张表而造成的。点检表，顾名思义，就是把要做的事逐条写下来，然后做一条，核对一条，勾一条。譬如去超市买菜，如果事前把要买的菜写下来，付款前按照点检表逐一核实，就绝对不会有回家后发现少买了酱油的懊恼和再跑一趟的无奈。

大家乘坐飞机，在飞机引擎发动，滑出停机坪前，正副驾驶一定会做一个点检的确认动作。通常由副驾驶顺着点检表一项一项念出，正驾驶复诵确认。这个程序就是一个质量管控手法，不管驾驶员是不是有20年的飞行经验，抑或新手，使用点检表都是必需的流程，否则就是违规。其目的就是确保飞机在起飞前，一些最基本的功能都正常无误。

在丰田汽车厂，一辆新车导入试产前，质量工程师会拿着一份有一万多个条目的点检表，和研发工程师在电脑3D设计画面上逐条核对，确认符合整车组装所有和安全及质量相关的规范和标准。为的就是在开模和试产前，确保所有零配件、设备、系统之间的相关性、距离、尺寸、材料等没有违反设计规范。每一款新车导入量产前，质量检验部都会编写一份完整的质量点检表。厚厚的一大本里，详细地列出5000多条和质量相关的点检项目。等到量产时，生产线上的整车质量检验规范都是依据这份点检表设计出来的。

如今，点检表已经被企业广泛使用，可是有一点却常常被大家忽略，就是点检表需要不断维护、经常更新。当一个新产品导入时，它的外观、功能、组装手法、测试、包装等要求也许和前一个产品不同，旧产品的点检表可能只有70%~80%可用，另外20%~30%应该淘汰更新。点检表使用一段时间后，应该再次检查，根据市场反馈、客户使用情况、返修品所披露的缺失等，再次更新点检表里的点检项目、标准、手法等。这样循环使用可以让这份点检表日益完善，更有效地协助研发和制造部门早发现、早解决各种问题。

目视管控（Visual Control）

目视管控是通过眼睛观察的一种管控方法，目前也已广泛使用于工厂管理。它的好处是"一目了然"。许多人、机、料、法、环的异常，通过目视就能发现，因而能够及早解决。譬如在有温湿度要求的车间，在排风口绑一个小纸条，看它飘起的状态，很容易判断空调运行情况，风是大还是小。这个小小的信息对车间的温湿度监控是非常重要的。

另一个例子是车间工人用不同颜色的衣装代表不同职能，以方便识别和管理。譬如生产线工人穿白色工衣，质量监督穿粉红色工衣，工程和技术员穿黄色工衣。厂长进入车间巡视，一眼望去没有看到黄色工衣就该紧张了，因为没有技术员在场，一旦停线，就没有人处理。

目视管控最初使用于分辨正常和异常状况，尤其在面积庞大的生产车间，如汽车装配厂，任何一条流水线都可以有一二百米长，如果不用目视管控，很难在发生异常时及时反应。灯号是最常见的方法：通常绿灯表示一切运转顺利；黄灯表示发生异常，线长必须马上确认问题，但生产线不停；红灯则代表重大异常，流水线停线，反应处理模式升级。

印刷电路板（PCB，Printed Circuit Board）的贴片厂也是一样。贴片就是先在PCB上涂一层薄薄的焊锡膏，然后利用机械手把各种电子元器件放在电路板上，通过高温炉让焊锡熔化再凝固，将元器件牢牢地固着在电路板上。整个流程高度自动化，一个车间少则四五条，多则几十条贴片线，所有机器基本都是靠机台上的红黄绿灯号来显示运行状态。

目视化后来被广泛使用在其他方面，如工厂计划、产出信息，流水线的人、机、料、库存管理、物流、环境安全，甚至员工激励等。它是利用简单、直观、色彩适宜的视觉感知信息提高劳动生产率的一种管理手段。丰田汽车是最早大量使用目视管控方法的公司。

计划使用目视化管控时，要先确认目的，且一定要站在观察者的立场进行设计。使用的方式要简单、明了，文字、线条、颜色要容易辨认和读懂。我见过许多流水线上挂的标准作业程序，字又小又拥挤，很难认清。最好多用图片和颜色，少用文字。有些工厂里的标语使用一些偏冷的词汇，让人读了不知所云，甚至还有错别字。这些都需要注意。

车间使用看板是很有效的目视管控。现场人员借助看板上的表格、图形、数据、颜色来管理和改善现场生产活动，可以一目了然地发现异常状态及问题点。我参观过国内无数工厂，每家现场都有看板，但能及时更新信息，准确标示实时状态的寥寥无几。原因很简单，摆样子而已。询问他们的现场主管为什么不使用看板？答案是太忙了，来不及更新信息。既然信息不准确、不及时，慢慢大家也就不用了。

这告诉我们，任何一项方法或改进措施的导入是有先决条件的。如果没有准备好，或者条件不足，妄自导入，是不会获得成功的。如果工厂运转不稳定，人、机、料、法、环每天变动频繁，产线主管每分钟都在为各种生产和质量问题救火，使用看板管理就会变成遥不可及的事。

不论工厂还是公司，应该先力求稳定。只有稳定才知道哪里不足，需要改进，然后一步步导入各种改进方法。等到体质增强了，再考虑下一步的改善方法。为做而做，"A公司有，我们也要有"的心态最要不得，除了浪费时间和资源外，不会带来任何好处。

除了工厂车间，目视化也可以在办公室环境使用。譬如每个办公室里挂一块白板，板上画一张表格，纵向列出部门所有员工的名字，横向则是当周的周一到周日。白板边缘使用不同颜色的小磁铁，代表员工当日的状态，如红色代表外出，绿色表示在公司，黑色代表病假，黄色代表加班等。只要没有忘记更新，这块白板可以很清晰地展现部门任何工作时间段人员进出状态，也是很好的沟通工具。在日本，这种办公室人员目视白板被广泛地使用。

部门的年度KPI也可以用目视化来增进员工和部门间的沟通，它可以随时展现KPI现状及需要改善的问题点。以质量为例，看板的设计要从年度公司整体目标开始，接下来展示质量策略、目标及年度相关重要活动。KPI部分则应该先展现外部指标，也就是量测客户声音的各种图表；接下来是内部管控的各项指标，也就是企业内部与生产和供应商有关的指标。内部KPI的排序要遵循从后到前的原则，即最靠近客户指标的内部指标一定是出货前的品检结果。如此从外部到内部，内部依照生产流程自出货端倒推回进料检验端，这种逻辑能很自然地把内外连在一起，同时也方便看的人理解各KPI图表间的趋势和关联。

目视化尽量多用图表，一张图胜过千言万语。图5是一个表达年度质量活动的例子，设计理念是把不良品当成敌军，我军则建立九道防线来抵抗敌人。这九道防线代表今年重要的质量活动，分置于四环战壕内，每环战壕代表一个质量策略（内建质量，早

第四章
质量管控的基本手法

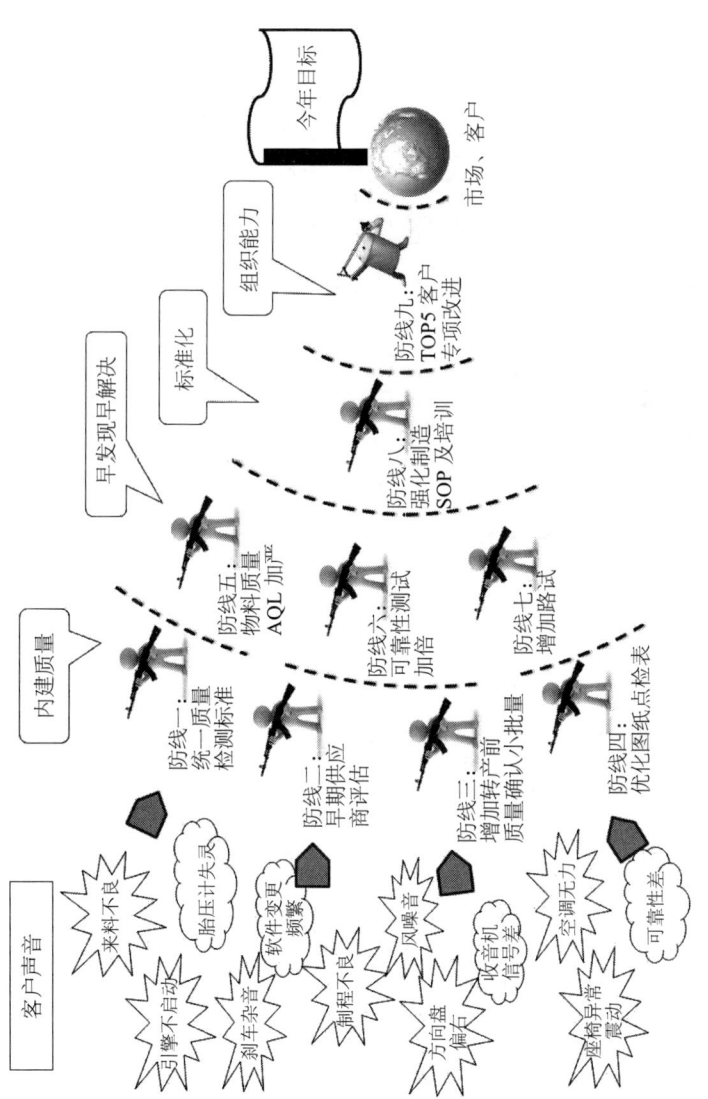

图 5 年度质量策略目视图

发现早解决，标准化和组织能力）。年度质量目标则可以写在右方的军旗上。为了表现在资源有限的情况下，整个质量部门仍然努力不懈地奋战，消灭不良品或阻止不良品流出，战壕内的战士配备的是"小米加步枪"，而最后一道防线则是弹弓，表达了就算是弹尽粮绝，只剩弹弓，也要拼到最后的决心和意志。

这张示意图清楚地表达了四件事情：

（1）为了打击各种影响客户满意的不良品，今年有哪些主要的质量活动（防线）；

（2）这些质量活动和质量策略（战壕）的关系；

（3）今年的质量目标是什么（军旗）；

（4）鼓舞团队坚决达到目标的士气和决心（步枪和弹弓）。

这张图当时在公司引起很大的反响，它让所有员工对质量部门的年度计划和战略意图一目了然。

现地现物（Go and See）

现地现物，日语发音为 Genchi Genbutsu，在日语中的意思是"事情实际发生的地点"，又称现场主义。当年刚加入北美丰田时，最常听到的就是 genchi genbutsu，因为发音比较拗口，不好记，还花了些工夫才记住。

当时在厂里，连对日语头疼的美国同事对这句话都朗朗上口，因为常常说，熟能生巧。后来我也整天挂在嘴边。这是怎么回事？很简单，在丰田文化里，现地现物大概是最重要的观念。我的日本顾问石桥先生第一次和我谈论丰田文化时，讲的就是现地现物。

现地现物为何那么重要？因为它是丰田文化里解决问题的基

本原则。在企业或工厂里,我们大部分的时间都花在解决问题上,解决问题的能力已经是一个企业的核心竞争力。丰田有一套解决问题的方法论,丰田相信工厂70%的问题都可以经由相关人员在现场解决,所以当问题发生时,它要求所有相关的工程师和主管要第一时间赶到现场,协助工人解决问题。

当时我们每人配有一个无线电对讲机,任何时候对讲机都保持通话状态。一旦生产线发生问题,我们会从对讲机里听到呼唤,和现场负责人确认问题后,就赶往现场。我当时每天平均花个把小时在办公室处理公务,其他时间基本都泡在现场,了解、协助解决问题。除了协助和确认解决方案外,评估工程师能力和判断问题背后有无其他影响,也是我们亲赴现场的目的。

由于这个文化的影响,丰田高阶主管也常常到现场视察,其中包括丰田的社长(相当于企业的总裁)。领导"下乡"一方面实地了解现状,另一方面给一线员工亲近的机会,有助于上下打成一片。这对提升基层士气有很大的帮助。这方面,丰田的确做得比美国三大汽车公司要好很多。丰田车厂的效率和质量都遥遥领先对手,从上到下的现地现物扮演着极重要的角色。我在福特汽车两个工厂当过副厂长,一个是车身焊接,一个是组装,我发现福特主管花在现场的时间确实比丰田的主管少很多。

有件事对我影响很深。当我从福特的组装厂调升为质量体系总监后,回到总部办公,有机会常常参加公司高层会议。半年多后，有一次陪同公司质量副总裁参加一个由公司运营长主持的检讨会，会议主题是复盘某一款新车转量产爬坡时不顺利的原因，以及上市后为何质量表现不佳。只听得那些研发、制造、供应链的副总和总监七嘴八舌地发表自己的看法和意见，内容虽极为丰富，但基本都没有依据。他们不知道我在新车爬坡前被借调到那个厂协助生产起量，在那里待了三个月，我印象中从来没有看到会议室中的任何一位领导到过现场！他们怎么可能知道那几个月到底发生了什么，当然也就不可能知道车子做不好的真正原因。

丰田现地现物的观念教会我不要轻易相信自己读到和听到的，只有亲自去现场才能真正了解现状及问题的根源。对此我终身谨记，获益良多。在国内工作十年，很遗憾地发现，国内的很多企业领导基本不去现场。很多的错误决定、很多的资源浪费、很多的低迷士气都是因此而造成的。

推移图（Trend Chart）

推移图是以时间为横轴，某一个或多个流程变量为纵轴的一种时间序列图（图6）。推移图虽然不属于统计学范畴，却是执行统计流程控制（SPC，Statistical Process Control）的工具之一。顾

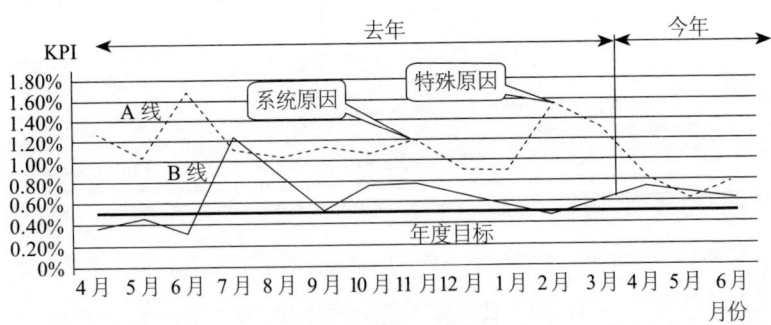

图6　推移图范例

名思义，推移图主要目的是观察变量随时间变化的趋势，或者从趋势中观察两个或数个变量间的关系。我们可以借着推移图随时掌握产品某些性能的动态趋势，以便及时预警和分析改进。

从图中看，两条曲线代表两个不同的参数或变量在过去15个月的变动趋势。如果有目标值，应该标示出来，因为首先要看的是这两个参数有没有达到标准。假设参数A和B代表某一款产品的不良率，目标是0.52%，从图中可以明显地看出，在过去15个月里，参数A完全没有达标，参数B也只有四个月份达标，两者的表现都不好。不过整体看，虽然B的平均值比A的好很多，但B随时间的变动幅度和A差不多。此外，B的趋势持平，而A似乎有下滑变好的趋势。

再看趋势，A数据除相对平均值呈现连续上下小幅变动外，较大的变动有三处：去年（这里指的是财年）6月、2月和今年5月。在流程中，导致突发的大变动被称为特殊原因，其余较小、连续性的变动被称为系统原因。两者起源不同，不能混为一谈。特殊原因往往来自正常流程外的因素，譬如温湿度的突然改变、新员工的加入、工具磨损、量测方法改变、来料出现异常等。如果数据显示出一种较有规则的波状或是周期性的变化，这种特殊原因也许和原材料的季节性变异、操作者周期性的轮替等有关。

系统原因通常源自系统流程内的随机变异，这和系统当初的设计、操作方法、管理模式有关。只要系统的人、机、料、法、环不变，系统原因就会一直存在。譬如一个钻孔电批的定位精度在 0.2 毫米之内，那么任何钻孔位置的误差落在这个范围内都属于系统原因。

在消除特殊和系统原因时，由于特殊原因属于系统外的特例，往往易于发现，因此也容易改善。而系统原因产生的变异一般不大，较容易被忽视，而且解决起来很困难，往往牵扯到好几个相互关联的因素。在后面谈到 PDCA 循环和持续改善时，我会指出生产中大多数变异都是系统原因。

这里简单介绍下解决系统原因的两种常用方法：

做实验

设计一个实验，利用 PDCA 循环测试系统或流程，观察原因所在。有一年，客户严重抱怨我们的手机屏幕上有许多脏污和白点，我特别跑了一趟工厂了解原因。这个产品已经量产两个月了，而客户的抱怨从第一天就有。我问了厂长和所有现场主管，大家都说已经尽力维护环境和员工装备的清洁，而将矛头指向运输过程和客户（欧洲）太挑剔。

我当时心里想，产品自起量后，人、机、料、法、环基本没变过，那这可能是系统原因。我首先把生产流程从头到尾走了一遍，没有发现任何明显的异常。我又来到检验屏幕的工站，仔细观察他们的作业手法，我发现在掀开屏幕保护膜进行检查时，他们都要用桌子上的离子风枪吹一下。我心里一动，随手拿起一片干净的备用保护膜，放在风枪下吹了五秒钟，对着灯光一看，果然，上面布满了白点。

我问厂长：离子风枪的风是从哪里来的？过滤器的网格有多大？上次清洗是什么时候？结果现场没有一个人知道。不过一旦找到问题原因，解决方法不是难事，难事在于问题解决后，如果不形成一个管制系统，定时检查、清洁，这个问题以后还会再出现。这个例子显示，离子风枪的风是产生屏幕白点的一个主要系统性原因，不是特殊原因。它来自初始进风系统设计和点检、管理的缺失，既是制造工程师的疏忽，也是现场管理者的无知或不尽责。所有系统原因都是可量测的，只要在通风系统上设置几个量测点，定时跟踪，这个问题就不会发生了。

统计法

利用统计方法分析数据，找出原因或排除无关联的因素。当年我在汽车车身焊接厂工作时，发现车前身焊接部门白班的产出效率和晚班差距很大，以致白班的五个组长几乎天天被厂长批评。我私下和他们聊天，他们都觉得很委屈，也都自认不比晚班组长差，却也说不出差距的原因出在哪里。

后来我让白、晚班组长对调。实行两周后，我把白、晚班各段产出数据和对调前的做了一个统计分析，结果显示两组数据的差异是随机的，非统计有效，即晚班的效率比白班好，与谁是组长无关，至少从统计上可以这么说。厂长看了我的分析，之后不再批评这些组长。这几个组长对我还他们"清白"十分感激，后来都成为我的朋友。直到我调去另一个工厂时，白班的效率还是落后于晚班，可惜我后来没有时间继续做统计分析，找出真正的系统原因。这个问题其实非常有趣。这么多年，我参观、稽核上百家工厂，发现白晚班的差异性普遍存在，但没有人做过深入研究，试图了解其中的原因。倒是每一个总经理和厂长都有一大堆自以为是的理由，只要询问，他们都能侃侃而谈，想想也挺可笑的。

柏拉图[①] (Pareto Chart)

柏拉图是一种把各种因素的发生频率依照高低顺序排列、绘制的图表，它最主要的功能是让你很快看出问题的严重程度。对质量而言，柏拉图通常用于展现某一流程中各种缺陷、不良品发生的相对比例。有经验的工程师一看柏拉图，马上可以掌握问题重心，知道从哪里下手效率最好，也就是英文说的"Low-hanging Fruit"（靠近地面的果子，即可轻易实现的目标）。我们经常听说的"二八法则"，指的就是柏拉图上，往往20%的原因贡献了80%的不良，所以这个原则也称为"柏拉图法则"（Pareto

---

[①] 柏拉图，对应英文为Pareto Chart，通常译为帕累托图，是以意大利经济学家V. Pareto 的名字而命名的。质量界则通常称其为柏拉图。——编者注

Principle）。

柏拉图法则源于 19 世纪，意大利经济学家柏拉图（Vilfredo Pareto，1848~1923）在分析社会经济结构时，发现 80% 的财富被 20% 的人所掌握，之后许多学者发现其他许多社会现象也符合这个原则。在质量管控上，20 世纪 30 年代，美国的质量管理专家朱兰（Joseph M. Juran，1904~2008）发现，质量上的不良分布也常常遵循这个原则。自此，二八原则便被称为柏拉图法则。

举个例子来了解柏拉图的使用方法。图 7 是某一比萨（Pizza）店过去三个月 138 个外卖退货的原因分析。我们把前八种退货原因造成的退货数量按大小排列出来，譬如因为比萨没有烧熟的退货有 50 起，排第一位，占总数的 36%。图上同时也把每种退货原因的百分比展现出来。

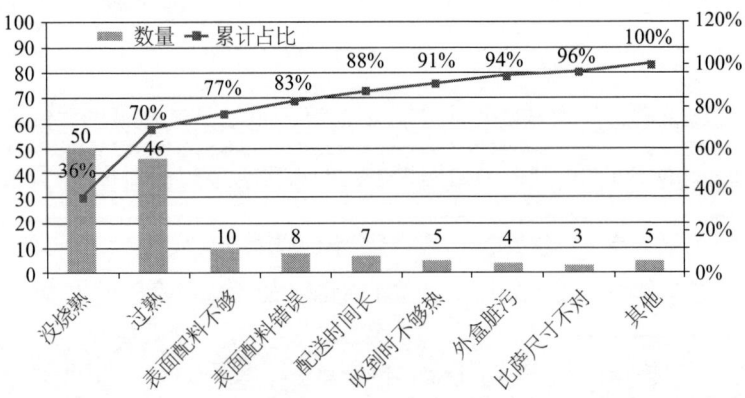

图 7　比萨退货柏拉图

很明显，前八大退货里没烧熟和过熟是最大的原因，而且两者加起来占了总不良品的 70%，也大致符合二八法则。如果你是这家店的店长，看了这张图，接下来该怎么做就应该很清楚，即找出为何总有没烧熟和过熟的比萨产出以及送货前为什么没有检验出来。接下来的分析，譬如没烧熟，可以持续用柏拉图找出最主要的几种原因。柏拉图的使用非常广泛，既方便又好用，也不需要专业统计知识，是一个很有效的质量管控工具。很多人认为原因分布要符合二八法则才能使用柏拉图，这是不对的。任何分布都可以用柏拉图来进行分析，只不过当分布接近二八法则时，改进的效果会比较明显。

五个为什么（5 Whys）

  企业里大部分的人在花大部分的时间解决问题，问"五个为什么"是解决问题思路里非常重要的一个理念或方法。当然，这里的"五个为什么"不是让你在寻找问题原因时只问五次，不能问四次、六次。"五个为什么"虽然起源于丰田汽车的 TPS 制造体系，但这个"五"字却是来自中华文化，除了本身代表的数目外，还有"多"的意思。

  中国古陶瓷里有一个非常重要的品种："五彩"。五彩指的不是瓷器上刚好画五种颜色，而是指多种颜色。五彩自宋元时代已开始，到康熙时达到工艺顶峰，后来慢慢被粉彩取代。明朝末年正是中国瓷器外销到欧洲、日本、东南亚等国家的鼎盛时期，当时销往日本的五彩瓷器大多以红绿为主色调，为日本所钟爱，故又称"大明赤绘"。中国"五就是多"的意思便是在当时随着五彩瓷器一起传到东瀛的。丰田"五个为什么"的基本精神就是他们相信问题的真正原因通常不会只问一次就找到，要多问，要打破砂锅问到底，避开主观、直觉，由表象、结果、证据入手，顺藤摸瓜，直到找出真正的原因。

人们使用"五个为什么"时，有个常犯的错误，就是会加入主观的结论。一旦如此，则后续问的为什么就没有意义了。这个错误在企业里经常发生，尤其对于企业领导。有些领导一听完现象的描述就直接把他认为的原因说出来了，从而把整个解决问题的方向带偏。譬如某天早晨，经理上班时发现工厂仓库的门没关，他直觉地认为管理仓库的员工偷懒。他把仓管找过来，一开口就问"你为什么昨晚忘记锁门？""你是不是偷懒，提早下班？"……一口气问了不止五个为什么，可惜没有效果，因为他一开始已经有结论：是仓管的失误造成的。也许真正的原因是门锁坏了，或是其他非人为因素。

问题的原因通常分两种：发生端原因和流出端原因，它们基本是独立存在，所以问五个为什么时要分开来问。值得注意的是，要想问题得到真正的解决，这两个原因端都得问，缺一不可，否则错误会再次发生。

我们以前面比萨店的例子来说明怎么使用"五个为什么。"

问题描述（顾客退货第一大原因）：比萨没烧熟

发生端原因

问题一：为什么没烧熟？

分析了 50 起没烧熟比萨的制作时间，发现 90% 都是在中午 12:00~13:00 以及晚上 18:00~20:00 的生意尖峰时段。由于订单量大，烤炉数量不够，师傅有时会增加每一炉烘烤的比萨数量以提高效率。数量增加造成比萨受热温度下降，因此没有烧熟。

问题二：为何不增加烘烤时间？

烘烤时间加长会延迟订单完成时间，可能造成客户抱怨，绩效奖金被扣。

问题三：为何不增加炉温？

烤炉温度控制都是自动化，师傅无法任意改变炉火大小设定。

问题四：为何不能改变炉火大小设定？

因为公司规定标准化才能保证比萨的质量和稳定性。

第四章 质量管控的基本手法

改进方案

问到这里,已经大致了解比萨没烧熟的原因。一方面生意繁忙时担心延迟交货,不敢增加时间,可是温度又不能调整,只好冒着没有烧熟的风险出货。店长问清楚原因,应该可以了解这不是比萨师傅的错,而是管理上的疏忽。标准的制定很重要,但要考虑不同情况下的标准可能不同。员工升迁、奖金多少根据绩效指标固然没错,但只和送货准时挂钩,却没有实际运作的弹性调整空间,逼得员工只能"治一经,损一经"了。当然,解决这个问题有不同的方式,譬如配合炉内比萨数量,更新炉温标准,限制订单量,尖峰时间酌量加长订单周期,或者增加烤炉等,这里不再详述。

流出端原因

问题一:为什么没烧熟的比萨装盒前没发现?
SOP 中没有检查烧熟与否的要求。

问题二:为何 SOP 中没有检查烧熟与否的要求?
烧熟与否主要依靠烘烤标准化作业,肉眼不能轻易判断。

问题三:为何肉眼不易判断比萨烧熟与否?
因为没烧熟的部分都在中间部位。

> **问题四：中间部位没烧熟有没有其他检测方法？**
>
> 有仪器可以判断。
>
> **问题五：为何没有购置仪器？**
>
> 去年有提申请，被店长以节约成本为理由驳回。
>
> **改进方案**
>
> 五个为什么之后，已经可以了解没烧熟的比萨为何没有在配送前被拦下。如果标准化烘烤作业出现某些变更（例如师傅增加烘烤数量），将可能造成标准化失效。当初设计流程的人没考虑到这点，没有在流出端设置防止不良品流出检查，或者想到了，发觉肉眼无法识别后就放弃了。当员工建议购买仪器进行拦截，却被店长以节约成本为由否决。所以真正的原因是：SOP 设计不全面和成本重于客户满意的理念。

这是比萨退货的案例，相信依照它，读者可以举一反三将其应用于日常工作。

PDCA 循环

质量改进永不停止，因为任何事物永远都有改进空间。企业对自己的产品或服务应该抱持这种心态，不断努力。一旦这种上进心停止了，企业的发展也就到头了。但是追求改进不能操之过急，应从小处着手，慢慢扩展。PDCA 循环正是推动持续改进的重要方法之一。

一般认为 PDCA 循环是戴明博士发明的，其实不然。真正发明 PDCA 循环的人应该是 20 世纪 30 年代供职于美国著名贝尔实验室（Bell Laboratories）的统计学家沃特·休哈特（Walter Shewhart），他同时也是著名的统计流程控制原理的发明人。戴明博士 20 世纪 50 年代将这个方法应用在质量管控上，最后推广至全世界。

PDCA是四个英文首字母的缩写，代表了持续改进的四个主要步骤。

P（Plan 计划）：仔细分析现状，和目标对比，看看缺口在哪里，然后详细规划改善步骤。"谋定而后动"可以让团队聚焦于问题，提高解决问题的效率。计划可以分几个步骤：

1. 把问题和目标定义清楚。

2. 利用各种工具，譬如作业流程图、鱼骨图、柏拉图、推移图等，把和问题相关的流程和因素梳理出来，制定优先顺序，从影响最大的流程开始。

3. 进一步拆解流程，仔细分析各步骤，看看毛病可能出在哪里。

D（Do 执行）：根据计划，动手改进。事先需要想好退出计划，以防改善失败。动手时应从小处切入，谨防破坏现有的流程，造成系统瘫痪。如果解决方案不止一个，应该设计一个实验（DOE，Design of Experiment），评估可能方案的优劣。

C（Check 检查）：监控改进过程。确认量测工具和方法维持不变，否则可能误判。结果数据出来后，仔细分析，判断哪种方案比较有效并对原来流程的变更幅度最小。

A（Act 改进）：确认改善的确有效、不良品和缺陷已经消除后，导入及固化流程，改写规范。若改善无效，则检讨原因，修改计划，重新启动另一轮 PDCA。

PDCA 循环是爬楼梯上升式的循环，每转动一周，质量就提高一步（如图 8）。一轮循环结束，也许只解决了问题的一部分，或者在解决的过程中又衍生出新的问题，因此必须再进行下一轮 PDCA 循环，如此循环往复。注意图 8 左边 PDCA 轮子里的 CA 比 PD 两个字母要大，而右边轮子上方的 P 比其他三个字母要大。这表示在开始时，计划（P）做得不够完善，所以执行后的检查（C）和修正（A）很多。等到经验积累多了，计划可以做得很好时，相对就不需要那么多检查和修正。大部分企业的 PDCA 都是小 P 大 CA，也就是不善于或不重视做计划，其实大 P 就是我们所说的"谋定而后动"！

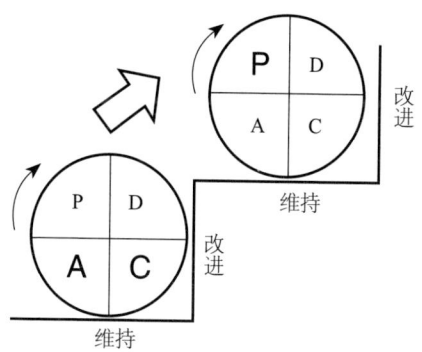

图 8　PDCA（计划 – 执行 – 检查 – 改进）循环

"不因'善'小而不为"是持续改进的基本精神，这里的"善"是改善的"善"，不是善恶的"善"。千万不要忽视小的改善，往往一点点的改进就能使客户满意。从"小善"开始也是提醒大家不要忽视改善可能带来的阻力，并不是每个人都会拥抱改善。事实上，大部分人会抗拒改变，因为他们还没看到改善的成果，却要面对改善行动带来的不方便，这是人性。

持续改善应该是个习惯，而不是企业活动，怎么把它变成全体员工的习惯正是企业老板们最艰巨的挑战。

质量管控方法有很多，本章只挑选我认为简易常用的。那些需要利用统计学知识的，就留给比较专业的书籍去讨论。从方法使用上，点检表和目视管控是计划性、预防性的；推移图是监控，帮助发现问题；柏拉图是原因分析工具，协助锁定主要原因；现地现物和五个为什么是动手动脚、动脑子找到真正的原因，而这些方法融入 PDCA 循环里就形成了持续改进的动力。

第五章

解决问题的思路

从提问开始

担任质量工作最重要的素养之一是解决问题的能力，而解决问题要先从问问题开始。解决问题除了有一套逻辑思路和方法论外，问问题也一样有逻辑架构。除了几个基本要素如人、事、时、地、物外，对两大原因来源追查——发生端和流出端，也缺一不可（见第四章比萨没烧熟的例子）。

有趣的是，我发现着眼于从发生端提问的，多半是研发的工程师，而生产线的工程师比较关心不良品是怎么流出去的。虽然两者都对，但要合在一起问，才比较全面，否则无法真正解决问题。

在追查问题原因时，要秉着勿枉勿纵、一查到底的精神，对于任何表象，要不断地问为什么。前一章介绍的丰田汽车"五个为什么"就是让你不断追问，一直到确定问题的根源为止。

质量问题通常错综复杂，纵向可能牵扯上游的供应商或下游的经销商和客户，横向则和企业内部的产品线、研发、供应链，乃至销售、客服都有关联。图9是一个典型的制造导向企业的质量部门和内外相关业务部门间的关系，图中业务体系里的任何业务模块都可能造成产品或服务的质量问题。重要的是，一旦市场发生质量事故，如何在最短时间内锁定问题的发生源和流出端，进而快速止血以及找到原因。质量问题基本都是由质量部门牵头，成立临时危机小组，展开解决问题的工作。质量部门本身不需要解决问题，那是研发工程师、制造工程师或供应商的事。质量部门要做的是掌控好解决问题的流程和时间表。

本章要谈的就是这个流程中重要的思路及方法论。一般而言，这个流程包含了以下三个主要元素。

信息流（Information Flow）

首先是收集和质量问题相关的信息，如市场退货，客户抱怨的人、事、时、地、物，内部生产（含供应商）的软件版本、制程、进料、批次、检验、不良记录、库存等，这些都是第一时间要收集汇总的，其目的是要从这些信息中判断出问题的性质（突发？持续？或者两者混合？）及风险程度。聪明的质量工程师会

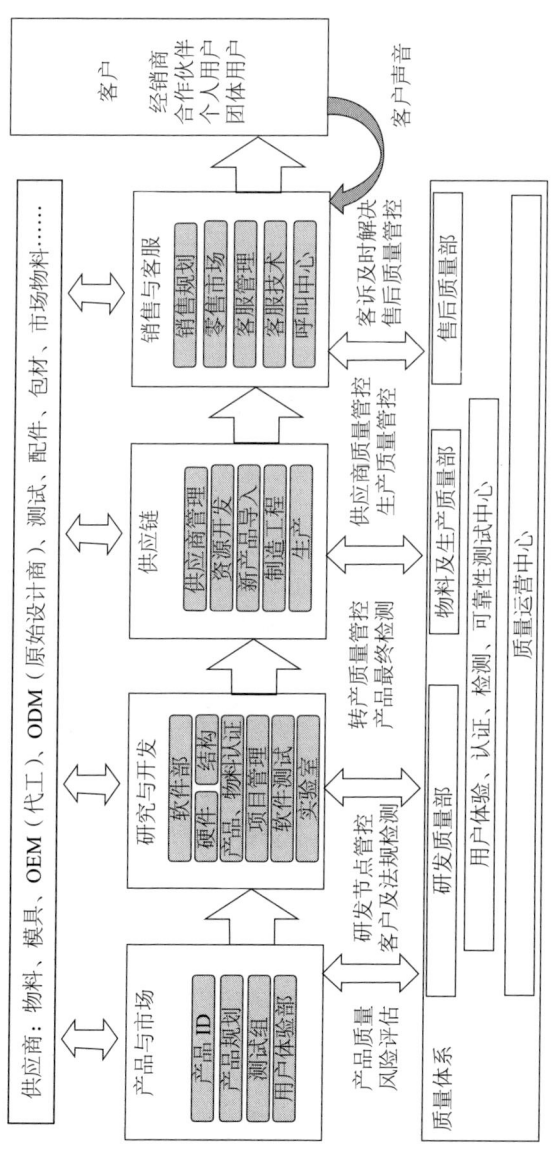

图 9 质量体系和其他业务体系、供应商、客户关系图

要求这些信息尽量利用标准模板的图表来展现，而少用文字说明。在整个过程中，尽量使用目视化将带来意想不到的方便。

另一种信息流是沟通。质量出了问题，公司上上下下、里里外外都会非常紧张，也都希望问题能赶紧解决，可是不同部门需要的信息不一样：销售为了安抚客户，想知道何时可以恢复出货；研发想知道市场上有问题的机器何时可以退回来，不良品分析如何分配，谁来测试，何时出结果；计划部门想知道产线会停多久，新的材料何时进来，何时上线，销售给的新需求是什么；生产部门则要知道问题出在哪里，新的夹治具何时准备好，下一次量试什么时候开始等。质量部门的功能就在于汇总这些信息，及时地传达给相关的人员和领导。

所以信息流的管理是质量部门在解决问题时最重要也最责无旁贷的工作。

组织（Organization）

问题解决小组一般是跨部门，视问题轻重大小，人数不宜太多，核心技术人员加上能做决定的主管即可。小组一定要指派一位小组长做总指挥，且必须事权专一，才能发挥团队作战能力。小组长在企业内地位越高越好，这样可以随时协助排除各种障碍，保障小组运作效率。小组运作时，根据不同情况，譬如找临时解决方案的和长期对策的，供应商端的和生产车间的，应尽量分开组成不同团队，指派负责人，统一指挥，利用定人、定时、定点会议汇总并更新信息，充分讨论，形成下一阶段行动和决策。

步骤（Process）

解决问题虽然有不同的方法论，譬如六西格玛（6 Sigma）的DMAIC（Define，Measure，Analyze，Improve，Control：定义、测量、分析、改进、控制）、8D问题求解法（8D Problem Solving，又称团队导向问题解决法）、麦肯锡的七步（麦肯锡解决问题的七个步骤：1.陈述问题；2.分析问题；3.去掉所有的非关键问题；4.制定详细的工作计划；5.进行关键分析；6.综合调查结果；7.讲述来龙去脉）等，但基本大同小异，下一节会做详细说明。由于问题的复杂性，加上团队能力、公司文化的不同，解决问题的步骤不宜过分繁复、僵化。俗话说，"运用之妙，存乎一心"，能抓稳核心步骤就行，其余见招拆招。问题处理多了，经验积累起来，就能自成一套方法。切记不要把别的国家或企业的做法随意移植到自己的企业里，这样不会成功的。

丰田八大步骤

这里借助丰田解决问题的八大步骤来说明解决问题的基本思路。

1. 澄清问题

通常我们说"差之毫厘，谬以千里"，指的就是还没把问题定义清楚就急急忙忙开始解决问题。花了很多工夫，结果也很好，只不过解错问题了。客户抱怨新车引擎常常发动不起来，真的是引擎问题吗？也许是客户没弄清楚启动流程。手机常常死机，是硬件设计不良，还是客户开启太多APP（应用程序），把内存消耗光了？新家客厅墙壁粉刷的颜色总是不对，是油漆的质量问题，还是师傅眼睛对颜色的分辨和你的不一样？

2. 拆解问题

问题定义清楚后，接着是拆解成数个小问题。譬如产线发现两个部件组装后间隙过大，经过小组分析，将其拆解成几个"次"问题：可能是平面度和宽度尺寸超差，也可能是压合治具变形或压力过大。为了进一步确认，小组必须分成几个方向，逐一进行确认和排查。在没有确认前，千万不要往下一个步骤走，否则极易走偏。确认时应该到现场，观察整个操作程序，收集数据分析后再做结论。

3. 设定目标

解决问题的目标当然以消灭问题为首要，但为了防止复发，也要想得更深入，最好能彻底解决。这就需要制定比较长远的目标。譬如家里保险盒偶尔跳闸，解决之道就是找到配电板，把开关推回去。但如果经常跳，仅仅把开关推回去就不够了。或许应该进一步了解原因，换一个保险丝或减少某些家电的使用频率。目标的设定决定了小组所需花费的心血和时间。

4. 原因分析

原因的分类及利用"五个为什么"的方法在前面已经讨论过了，这里不再重复。理论上，原因分析除了技术难度外，似乎没有其他困难。其实不然,这一步骤往往是八大步骤里最困难的,但不是技术上,而是企业文化上的。在我经历过的美、日、台湾地区、大陆几种企业文化中,每家都是如此。

它的困难在于原因分析到后面,矛头往往指向人,而且常常是高阶领导。一般遇到这种情况,分析工作不是停止就是巧妙地避开。有人说,欧美国家的人做事讲究"法、理、情",既然"法"在"情"前,情况应该好一些吧。以我的经验,他们和重视"情、理、法"的亚洲文化没有什么不一样。丰田稍微好一点,因为它有个核心价值观是"尊重员工",再加上推动持续改善的文化其中一部分是基于"不处罚"的原则,因此如果最终原因是人,尤其领导,有时候还是可以据实指出的。不过丰田文化不代表整个日本企业文化,不能说其他日本企业和欧美、亚洲的不同。

当上述情况比较严重时,原因分析就变味了。下面的人心知肚明,分析报告也就避重就轻,朝"不犯政治错误"的方向过渡。因为问题的原因往往有许多,涵盖人、机、料、法、环的方方面面,就算刻意避开人的因素,结果也不是全然无效。但这种敏感持续下去,会造成从上到下刻意规避查找真正的原因,反而花大部分的时间安抚客户及导入临时补救措施。真正的原因不去面对也就丧失了防患于未然的机会,更甚者,助长了内部遇事只求"搞定"就好的"搞定主义",对企业造成的危害是既深且远。我在第八章谈领导力时将对这个问题进行深入的讨论。

5. 找解决方案

原因弄清楚后，接下来是找解决方案。在情况许可的条件下，应该尽量列出所有可能的方案，进行对比和选择。时效性固然重要，但对企业有长远影响的有时更值得重视。方案导入前，秉着 PDCA 的精神，把实施计划做好再动手，以免节外生枝，衍生其他问题。

此外，在导入解决方案前，一定要和受到影响的相关部门和人员充分沟通。不是每一个人都欢迎改善，事先没有说明清楚并取得共识，只会使一些人和部门对导入解决方案产生不必要的抗拒，让之前所有的努力付之流水。沟通也是有方法的，抓住几个要点比较容易让人信服。要点可以浓缩到所谓的"5W2H"中，即：

Who（谁）？——这个计划影响哪些部门和人员？
What（什么）？——具体的计划内容？
When（何时）？——何时开始导入？
Where（何地）？——从哪里开始，到哪里结束？
Why（为什么）？——执行这个计划的原因？
How（如何）？——如何执行这个计划？
How much（花费）？——执行这个计划要耗费多少金钱、人力、时间？

6. 导入解决方案

导入解决方案需要坚持到最后，再加上确认、确认、再确认。我看过不少例子，都是因为没有坚持或确认，最后功败垂成，令人惋惜。如果方案层面低，属于技术性的，通常容易导入，效果也明显。当牵扯到人、组织、成本的调整时，往往较难推进。这时候企业的领导就很关键了，没有他们的支持，往往只能半途而废。

解决问题的小组负责人这时要发挥"不达目的，决不罢休"的精神，带领小组持续努力，不放弃。遇到这种性质的方案，速度是至关重要的。方案想清楚、决定后，应该立时以迅雷不及掩耳的速度进行导入，这样往往较易成功。因为等到反对的人发现时，生米已经煮成熟饭，来不及了。不过，这一招不到紧急或关键时刻尽量少用，因为有时候会带来不可预知的后遗症。

7. 监控解决流程及结果

在导入解决方案前，应该先确定何为"解决"。也就是说，小组必须确定如何评估结果有效，哪些参数需要收集对比。除此之外，监控整个流程也很关键，这样万一跑偏了，可以早发现、早解决。在监控的过程中，也记得要和有关部门及人员保持沟通，让他们了解进度和时间表。这些都是小组的职责。

8. 结果流程标准化

这一步是问题顺利解决后的收尾工作，也是最容易被忽略的一步。要想结果持续存在，新的方案或流程必须标准化。实施这一步不是小组的工作，而是相关部门主管的职责，但是小组有必要将汇总解决方案中需要标准化的部分清楚地提交给各部门。必要时，小组负责人要面见上级领导，落实两件事情：一是取得他们的认可，协助推动标准化的实施；二是把解决方案横向"拷贝"到其他部门或产品，请他们自查，避免重蹈覆辙。后者很难，虽然说"预防重于治疗"，但其他部门未必觉得有必要改变标准，因为他们那里可能从未出现过这个问题。因此上级领导的介入在横向排查上有时是必要的。

第一次就把事情做对

  在我的职业生涯中,遇到无数次,明明可以一次把事情做好,偏偏由于各种理由和借口不断地犯错、修正,再犯错、再修正,浪费了许多宝贵的时间和资源。"边做边改边完善"这句口号应该仅适用于紧急的、不得已的情况,而不能把它变成做事情当如此的借口,即事情不想清楚、规划周详,就急急忙忙地开始,然后边做边改边完善。这样即使最后事情办成了,公司、团队却可能为之付出了较大的代价,而且也没有批判、检讨和改进,等下一件事来了,情况照旧,久而久之这个坏习惯就变成企业文化了。

  平心而论,真正能第一次就把事情做对不是件容易的事,然而就是因为不容易,才需要不断地鼓励、灌输,甚至苦口婆心地一遍遍提醒员工它的重要性。第一次就把事情做对是个非常重要的质量意识，也是PDCA的终极目标。这里牵涉到一个人类的弱点，至今无法突破，那就是"变更管理"（Change Management）。由于人类很不善于变更管理，一旦变更次数多了，就会照顾不过来，错误就流到下游去了。根据我的统计，产品上市后的质量问题超过一半都是在开发后端由于大量的设计变更造成的。这些改变有个专业术语叫"工程设变"（Engineering Change）。变更的本身往往不是问题，而是它所产生的涟漪效应，带动了其他相关部件设计、制造工序等的变更。这些变更可能造成软件代码的重写、原材料和尺寸的改变，或者制造工艺及测试机台的重新调试。每一个改变都可能是牵一发而动全身，稍有不慎，管控不到位，就会产生质量问题。至今我尚未看到一套完整、系统、有效的变更管理流程，可见它的困难。

我曾经做过一个变更管理的实验。我们一般人每天早上从起床到出门大致都有一个习惯的流程，这个并非精心设计的一系列前后衔接的动作，能在一定时间内让我们在出门前准备到位。为了测试变更管理到底有多困难，我故意在起床后改变了多年养成的习惯，把几个动作，譬如盥洗、上厕所、穿衣、打领带、吃早饭等的次序打乱，而且其间不容许刻意停下来去想或检查是否有遗漏。实验了好多次，结果几乎没有一次可以做到不出错，不是忘记刮胡子、忘记刷牙，就是忘了打领带。有趣的是，下次实验还是会重复犯这些错误。对此我百思不得其解，只能假设人的头脑对临时没有预警的变更缺乏一套有效的应变机制。

这个实验让我明白了一个非常重要的事实，就是人类不善于管理改变。后来我在工作中尽量避免许多不是真正必要的变更，质量或效率果然好了很多。对那些真正避不开的变更，我也尽量把它们聚在同一时间段处理。

养成第一次就把事情做对的理念，在每件事情上尽力达成这个目标，对长远的质量、效率提升至关重要。而在公司内部，得把这件事当成核心文化来推动才能起到功效。

如何才能第一次就把事情做对？我认为没有标准的答案。PDCA 的观念养成有助于培养第一次就把事情做对的文化，但是方法可以因人因事而不同。在汽车引擎装配厂里，我见过工人们运用目视管理方法，利用大量的标示牌、小旗子和不同的颜色等成功地引导新产品进入现有产品生产线，而不造成作业混乱。

沟通、沟通、再沟通

　　为何说三遍？因为太重要了！许多领导讲话喜欢"云山雾罩"，让下属去揣测他真正的含义，非常折腾人。不过下属对此也有一部分责任，为什么不问清楚?！估计是不敢问，怕被领导认为无能，连话都听不明白，结果就这么迷迷糊糊、半懂半猜地去执行任务。以这种沟通方式怎么能把工作做好。

　　我早年读研究院时没有电子邮件，沟通基本都是面对面，简单明了。实在无法面对面，也都是靠电话，问题不大。后来科技进步，带来了电子邮件、语音、视频通话、微信、QQ、脸书等，解决了一些沟通问题，但也因为认知带来了许多新的问题。

　　就拿最常用的电子邮件来说，我认为它最大的功能是传达信息，但是在企业里，电子邮件常常被用来当作讨论的工具。由于邮件不是即时，在你表达了一个意见或看法后，不一定能马上收到回复，也不清楚对方是在怎样的场景下回复你，再加上每个人掌握语言的能力不同，"词不达意"比比皆是，误会也开始产生。误会一旦形成，邮件就变成最方便的吵架工具。可怜的是那些在邮件里被抄送的人，一般少说几个，多者可达数十人。大家来来回回看戏，又不便出声，生怕火上添油，那种别扭就别提了。

过去语言学家说，语言代表人类文明的进步，但也是冲突发生时最先拔出的武器。这里的语言指的不只是说话，还包括电子邮件！

我就常常遇到这种情形。以前职位低，看看也就算了，不去理它。后来职位高了，觉得身为领导，不应该默许这种情形在公司里发生，否则蔓延开来，会形成恶劣的公司文化。通常我会回复邮件，邀请隔着虚拟世界吵架的双方及其直接领导到我办公室来。事实上仅是邀请这个举动，职位不够高是做不到的，这也是我以前不做的原因。

等他们四位到我办公室后，我首先会和他们解释这种"隔空吵架"的荒谬性，以及为什么这样做解决不了问题，然后让吵架的人各自解释原因。其实都不是什么了不起的问题，大部分是对邮件的误解，又怕这么多抄送的人（其中当然包括领导）看了对自己不利，因此不得不展开反击。也就是说邮件吵架的真正目的其实是"保护自己",了解了这个心理因素,化解就很容易了。等二人"误会冰释"后,我一般会批评他们的直接主管。解决员工之间的冲突是他们的责任,他们没有选择"隔岸观火"的权利,一旦看到邮件,应该立时阻止,以免这种效应在公司内部扩散。等事情过去后,我通常都会再回复一封邮件给所有发送和抄送的人,"机会教育"一番,让大家知道邮件沟通的局限性。使用任何沟通工具,一定要谨慎,就像"水能载舟,亦能覆舟"一样。

这种情况在我过去服务的美、日、台湾地区、大陆四种文化的企业里都发生过,所以这不是个企业文化的问题,而是人性的问题。

我记得早年刚进入福特汽车公司时,有次参加一个活动,听记者采访一位大公司的 CEO,记者问他管理公司这么多年,能不能分享一下其间最大的困难。他马上回答:"沟通。"我那时不怎么了解他的意思,但是对他不假思索、冲口而出的态度印象十分深刻。很多年后,我才深深体会到,这几乎是所有企业领导共同的短板。

英国有句谚语,大意是:一件事得沟通 300 次后,才有一半的人开始听。这或许有点言过其实,却清楚指出沟通的困难。

沟通最基本的目的是把要分享的信息准确地传达出去,可是由于语言的模糊及不确定性,这往往变成一件极其困难的事。当过兵的人大概都经历过这样的训练:把一个命令用耳语的形式传

人人都是首席质量官

给临近的同伴,其他人听不到,第二个人再传给第三个人,这样依次传到最后一人,然后让第一个人和最后一个人出列说出他们要传和传到的命令。通常一个步兵排有4个班,共36人,我的经验里从来没有一次能百分之百传达正确,而且大部分时候命令都被严重扭曲。譬如原命令是"今晚洞幺洞洞(就是半夜一点的意思)向东北方向出发,占领前方山脊上的独立家屋",到了最后一位老兄就变成"今晚全体统统去镇上居酒屋吃糖醋里脊"。

我一直认为沟通是一种技巧,是需要接受训练的,可惜从来没见过任何公司对沟通付出应有的重视。尤其对一些领导而言,沟通不过是讲话、下命令,为何需要受训!？

记得有一次我刚接任新职,收到一份电子邮件,是我的一位下属质量经理发的。邮件针对某一制程问题,提出洋洋洒洒六条改进措施,看似不错,但等我把一整串20多封邮件看完,不禁莞尔。先不说他提的改进措施对不对,他连问题都弄错了。大概大家都只看他们收到时最上面的那封邮件,然后根据对这封邮件的理解来回复。令人生气的是,这位质量经理是有权力和资源的,当他弄错时所造成的伤害会远大于其他工程师。我当时把整串邮件打印出来,带着这位经理去现场,实地了解问题后,我把邮件拿给他看。我问他此时此刻有什么感想,他当时满头大汗,羞愧地承认没弄清楚问题前不应该随便下达指令。沟通真的是一门大学问!

确认、确认、再确认

确认的重要性也值得说三遍。为什么？确认不是天天在日常生活中发生吗？譬如去饭馆点完菜，服务员一定会把你点过的菜再说一次；去银行领钱或商铺找钱，柜台一定当你的面把钱一张张数清；还有快递的签收……就连军队里下达的命令都要士兵复诵一遍。这些动作就是确认，目的是确定没弄错。

新产品开发转量产前有个重要的会议叫"转产会议"，这个会议也是为了确认。转产之前的主要责任在研发部门，转产后进入量产，责任就转到生产单位了。这个会议的目的就是在责任交接前，研发和生产部门都清楚地确认产品开发的现状、遗留的问题、谁继续解决、什么时候解决。没有这个会议，转产后的工作推进往往会一塌糊涂。这个转产会议就是新产品导入流程中一个重要的确认机制。

从管理的角度来看，企业领导的职责有两个：一个是指导下属，另一个是确认。很多领导认为自己把事情交代清楚就没事了，这是犯了不懂质量保证理论的错误。整个质量体系就是基于"确认"而搭建的。

一个领导把下属找来，交代了任务和完成时间后，如果中间没有任何确认动作，极有可能结果完全不是他所要的，若是已经没有时间重新再来，他只能承受失败的后果。造成错误的原因在哪里？虽然大多数情况下，是由下属背负这个责任，但我认为大部分的责任是在领导，原因有两个：

第一，领导有责任确认下属弄清楚任务的细节和目的。也许下属意会错了，或者他采取了错误的方法。无论如何，一个简单的确认动作就可以及早把错误的方向纠正过来。固然下属也有责任向领导澄清不理解或不清楚的部分，可惜的是，在亚洲企业，主动去找领导澄清往往被视为无能，下属宁愿抱着做错的风险也不敢去问，因此确认的责任就落在领导身上了。

第二，下属在执行任务时，领导有责任确认他使用的数据、方法等是不是正确。了解下属的思路、逻辑、方法论，指导他更有效率地完成工作是领导责无旁贷的工作。可惜近十年来在我服务过的企业里，极少看到愿意花时间教导下属的领导。企业内部人才培养不出来，有需求时，只能高薪去外面挖人。可是天下没有白吃的午餐，挖来的"高手"常常因"水土不服"变得英雄无用武之地。而且，你挖别人，别人也挖你，结果人力结构动荡不定，永远都在适应期，企业也就难以持续发展。

第六章

重大质量事故处理

危机处理的关键

当企业发生危机时，一般员工都会惊慌失措，如果这时候连领导也跟着惊慌，后果将不堪设想。不论危机的性质是什么，这正是考验企业如何应付，也就是考验企业危机处理能力的关键时刻。

危机的种类有很多种，大的来说，天灾人祸、公司本身的财务或运营危机、市场大批量安全或质量事故等，小一点的譬如产品被工商质检抽检发现不合国家标准、市场有人举报企业虚假宣传、客户投诉等。

这么多年来，我经历过大大小小无数次企业危机，其中印象深刻的有几个。首先是2010年富士康的"跳楼事件"。这次持续将近一年的员工自裁事件堪称富士康有史以来最大的经营危机,其牵动面辐射全国,关注层直达中央最高领导。我时任事业群龙华厂区主管,首当其冲,从头到尾参与了由郭台铭总裁亲自领导的危机处理小组。许多往事至今历历在目。

其次是在美国工作时,经历因汽车轮胎质量问题引发的重大危机,其严重程度不但造成美国舆论关注、政府主管部门干预和调查,最后的结果直接影响企业的生死存亡。另一次是另一家汽车公司因批量刹车问题遭到政府全面调查,最后企业受到重罚,开了美国汽车界被政府罚款的先例,公司 CEO 被迫在电视机前向美国人民鞠躬道歉。

走笔至此,我想起 2016 年一部由真人真事改编的电影《萨利机长(Sully)》。电影由著名演员汤姆·汉克斯(Tom Hanks)主演,描述 2009 年 1 月 15 日全美航空公司一架 A320 空中客机从纽约飞往北卡罗来纳州时,遭遇鸟群撞击,导致两具引擎同时熄火。失去动力的飞机变成了一架 60 吨重的滑翔机,不断地下滑。最后萨利机长当机立断,迫降在曼哈顿的哈德逊河河面上,成功地使机上所有 155 名乘客和机组人员生还。

这个成功的水上迫降被称为"哈德逊奇迹",而萨利机长也成了全体美国人民心中的英雄。这 155 名生还的人中,有许多人因此改变了人生。经历过在鬼门关绕了一圈回来,许多人有了重生的感悟,好些人自此变得更积极向上,开启了新的生活。

第六章 重大质量事故处理

这个事件是一个典型的危机处理案例。在危机发生时（也就是遭遇群鸟撞击时），一方面萨利机长和所有碰到类似危机的机长一样，第一件事就是试图重新启动至少一个引擎。另一方面，他知道如果引擎无法重启，他就没多少时间了，最多几十秒。因此他必须在这极短的时间内思考各种可能性，然后选择一个他认为可行的方案。事后证实，从飞鸟撞击到迫降成功只有3分28秒，而他最后做出迫降水面的决定只有35秒。这一点在事后调查模拟时也得到证实，除非在意外发生后萨利机长能在35秒内迅速做出其他选择，否则迫降水面就变成唯一可行的选择。而要在35秒内做出决定，以当时情况判断几乎是不可能的。

萨利机长不但当机立断，而且判断正确。这不是侥幸或运气，是有几个重要的因素在背后支撑他：自信、冷静、能力。自信来自于信念，丰富的经验让他足够冷静；在能力方面，除了飞行技术外还有应变能力。

萨利机长在加入民航事业前曾是美国空军F4D战斗机的飞行员，到2009年时他已经积累了29年的民航机驾驶经验。这种经历给了他处理危机所需的足够的自信、冷静和应变能力。根据真实的萨利机长回忆，由于时间有限，无暇他顾，他只有专心做该做的事，这就是冷静。他从头到尾只有一个信念，就是必须挽救机上每一个人的生命，这个信念提供他足够的自信。

他的自信和冷静不但表现在处理危机时，事后面对美国国家运输安全委员会（NTSB，National Transportation Safety Board）的调查，他的自信和冷静仍震慑全场。

其次是处理危机的飞行能力。根据事后的数据分析和电脑模拟推演，萨利机长如果要成功地在水面迫降，必须要让机身以11°的仰角使机尾先着水面，并且不得少于130节的速度，而且在这个过程中，不能出一点差错。他40年的战斗机加上民航机经验无疑让他有能力执行这个动作。

这起飞行危机处理事件告诉我们，危机处理是没有侥幸的，通常指挥官的经验和素养远比危机处理的流程重要。如果危机发生时，把指挥棒交给了一个没有这方面经验的人，那无疑是危机中的危机。

本章讨论企业遇到质量危机时的处理。除了下面要讨论的流程和方法外，萨利机长的自信、冷静、能力始终是质量危机处理时关键中的关键。

重大质量事故种类

以制造业来说,重大质量事故一般有以下三种情况:

1. 来料不良或制程问题造成生产停线;
2. 大批量不良品流到客户端;
3. 质量问题在某一特定地区或群体里集中爆发。

国外大企业针对质量危机通常都有重大异常处理流程(Critical Abnormality Handling Procedure),国内有些企业有,有些没有,我的经验是一半一半。没有的,遇到重大质量事故通常由客服牵头对外,质量部门对内,处理起来因为没有流程基本因人而异,能有效处理危机、让客户满意的不多。而且人去经验去,教训无法总结和积累并形成企业组织能力，很难持续改善。现实中出现过企业因连续发生市场重大质量问题而倒闭的案例。

那些有危机处理流程的企业也分多种。任何流程要起作用就得人人遵守，按部就班地使用。如果只是画个流程，公布一下，遇事就抛到脑后，那和没有差不多。不幸的是，这样的企业占多数。我多年来看到的、听到的、经历过的，有流程而且发生质量危机时能基本照着流程走的只有丰田。细究起来原因有两个：

一是尊重流程。丰田是个制造企业，一方面"尊重员工"为他们的核心价值观，另一方面又严格地要求所有人尊重、遵守公司流程。久而久之，大家都养成这个习惯。

二是培训到位。在丰田，员工一年平均培训时数是其他美国汽车公司的两倍。不断地培训，加上经验总结到位，及时编入教材，使得在处理危机时，分工、协调、相互配合非常到位。

我刚加入北美丰田时，在肯塔基州凯美瑞工厂的第一周便遭遇了一个重大质量问题。有天晚班时，忽然接报，说是生产线末端的质检人员发现引擎控制器（Engine Control Module）的某根接头电线松动，属于重大功能质量风险，已经全线停产了。当时是晚班，所有生产、质量、制造工程的高阶主管都下班了，只剩下低阶主管以及我这个刚来的"菜鸟领导"。我那时对情况不熟悉，不能指挥，却有机会全程参与这个处理停线危机的过程。

临时小组是自动成立的，一间就近的会议室成为战情室（War

第六章
重大质量事故处理

Room），里面挤了十来个人，基本都是产线工头和工程师。当指挥官的，也是现场职位最高的，不过是品检部门的课长。我虽参与讨论，但更多的时间是在观察整个过程。

我惊讶地发现，从收集信息，分析可能原因，找到原因（其中包括打长途电话给日本的研发部门），头脑风暴几种解决方案的可行性，测试解决方案，编写重工计划，到执行重工，一切都完全是按照公司异常处理流程，而且处理得非常全面。虽然其中几个环节，譬如怎么确认停车场上数千辆汽车的电线有没有松动，如何处置松动，大家争辩不休，各持己见，但最后仍然达成共识。等到厂长收到消息赶回工厂时，处理基本已近尾声。只留下几个人向厂长汇报整个过程，其他人已回到各自工作岗位，继续干活了。

可见一个企业的危机处理不一定要靠高阶领导，重要的在于所有员工都了解流程，且具备随时随地出来指挥的能力和胆识。

回到流程说明。图10是一个重大质量问题流出到市场的处理流程示意图。示意图很清楚，不需多做说明。图中显示信息来自用户，但可能通过不同渠道传回公司，重点是接受信息端必须是单一窗口，譬如客服，否则会造成内部因信息不统一而陷入混乱状态。

另一个重点是当危机到达某一程度时必须启动升级机制，也就是让更高级别的管理者知晓，目的是协助风险的判断及监督处理过程。最后一点是时效。危机处理首重时效，故在了解清楚问题的严重程度后，首要任务不是解决问题，而是止血，英文称之为 Damage Control（损害控制）。

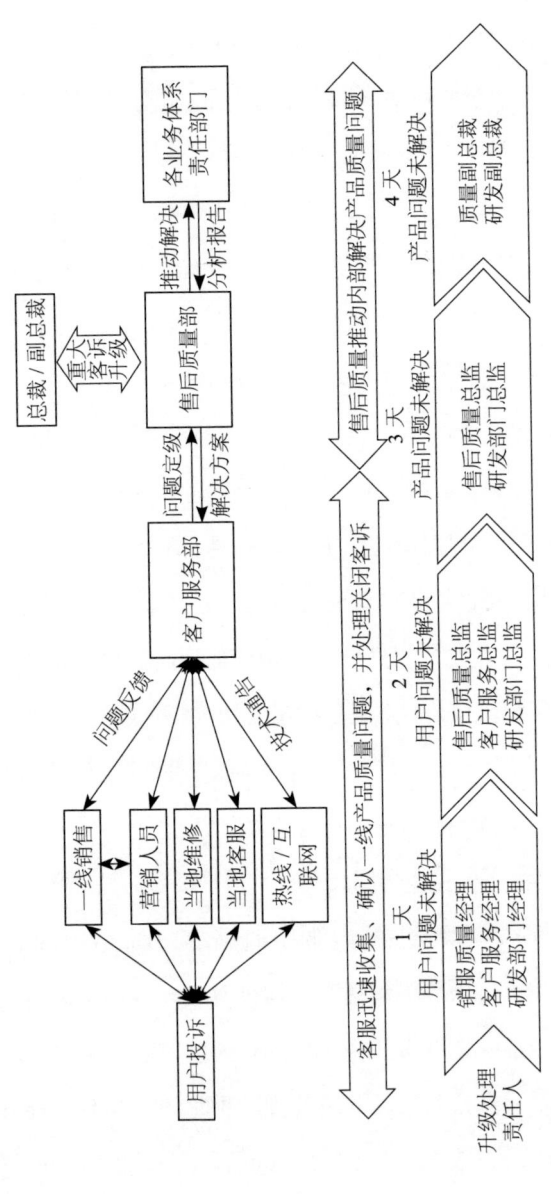

图 10 重大质量异常流出处理流程图

成立危机处理小组

如前所述，危机处理应该交给最有经验的人指挥，而不是位阶最高的人。有经验才知道该问什么样的问题，找什么样的专家，衡量危机的轻重缓急，然后制定执行方案。一般公司都有"重大异常处理流程"，但流程是死的，从中只能看出该做的事情，它无法告诉你何时做、怎么做。每个危机都有它的独特性，完全照表操课通常无法有效解决危机。在整个危机处理过程中最讲究的是随机应变，临场反应。经验越丰富，处理的速度越快、结果越好。

危机发生后，第一是立即成立"危机处理小组"，确立小组操作规范。掌握"定人、定点、定时"的原则。确认参加者名单，这里包含两种人：具有相关知识的技术人员和具有做决定能力的主管。不论危机的性质如何，和发生端有关的人员（研发、产品线、供应链等）以及和流出端有关的人员（品检、制造、计划、采购、供应商、物流、销售、客服等）都要参加。如果危机还牵涉到客户安全、政府法规、境外市场，则必须邀请公司法务、公关等部门的人员。

第二，由于处理过程可能旷日费时，小组应该指定某一会议室作为集会场所。针对重大危机，甚至可以将会议室改成临时的战情室，并限定进出人员。

第三，小组定时开会很重要，因为定时就是定心——安定人心。当重大危机发生时，一定会牵动客户和公司高层，他们最关心的无非三点：（1）危机怎么发生的？（2）会不会继续扩大？（3）何时可以解决？

为了避免多头指挥把小组成员弄得团团转，疲于奔命，传达不全面或过时的信息，小组必须定时开会，检讨上次会议决议的行动进度，更新最新消息，决定本次会议的任务等，最好遵守一套既定议程。会议后两小时内将本次小组会议内容更新，以固定格式发给所有相关人员。当大家定时收到危机最新情况时，就不会那么紧张和混乱。客户和领导心一定下来，整个团队、公司就会平静下来，小组就可以专心地解决危机。个人遇事要沉稳，公司和团队也是一样，只不过个人靠的是修养经验，而公司靠的是人人遵守规范。

第六章
重大质量事故处理

危机小组开会应讲究时效而非公司级别,通常是"谁最懂谁指挥、谁做决定"。要能做到如此,就得抛开谁官阶高谁资深的想法。小组开会时"人人平等,人人有发言权"。小组负责人的任务是不断提问,引导不同的想法、意见,同时要掌握会议进行方向及进度。群体智慧的展现没有比这一时刻更重要。

小组开会议程和各议题负责人一定要固定下来。报告分两种:一种是每天追踪的数据,如不良比率、生产数量、重工结果等,利用标准图表在每次开会前进行数字更新。另一种是单项或临时任务,最好用报表三脚架,边讨论边记下,要简明扼要,但结尾一定加上责任人及下次报告时间。下次会议时先过一遍上次交付任务进度,如果任务结束,用笔划掉但不要擦掉,因为这个信息说不定未来还会用到。

危机处理最能看出员工处理问题的潜能。我通常在小组开会时仔细聆听,观察成员的反应、汇总、逻辑判断、分析、执行力等,作为日后拔擢人才的参考。多年的经验告诉我,往往从这里挑出的人日后均能成大才。

举一个我以前设计的重大异常处理流程为例(图 11)。这里有两个观念要先说明。第一是 CPR 小组,CPR 是英文 Critical Problem Resolution(重大问题解决)的简称。这个小组通常是一个跨部门的临时编组,由质量总监或经理担任小组负责人,所有信息都要汇总到这个小组。小组的目的有两个:一是根据信息,

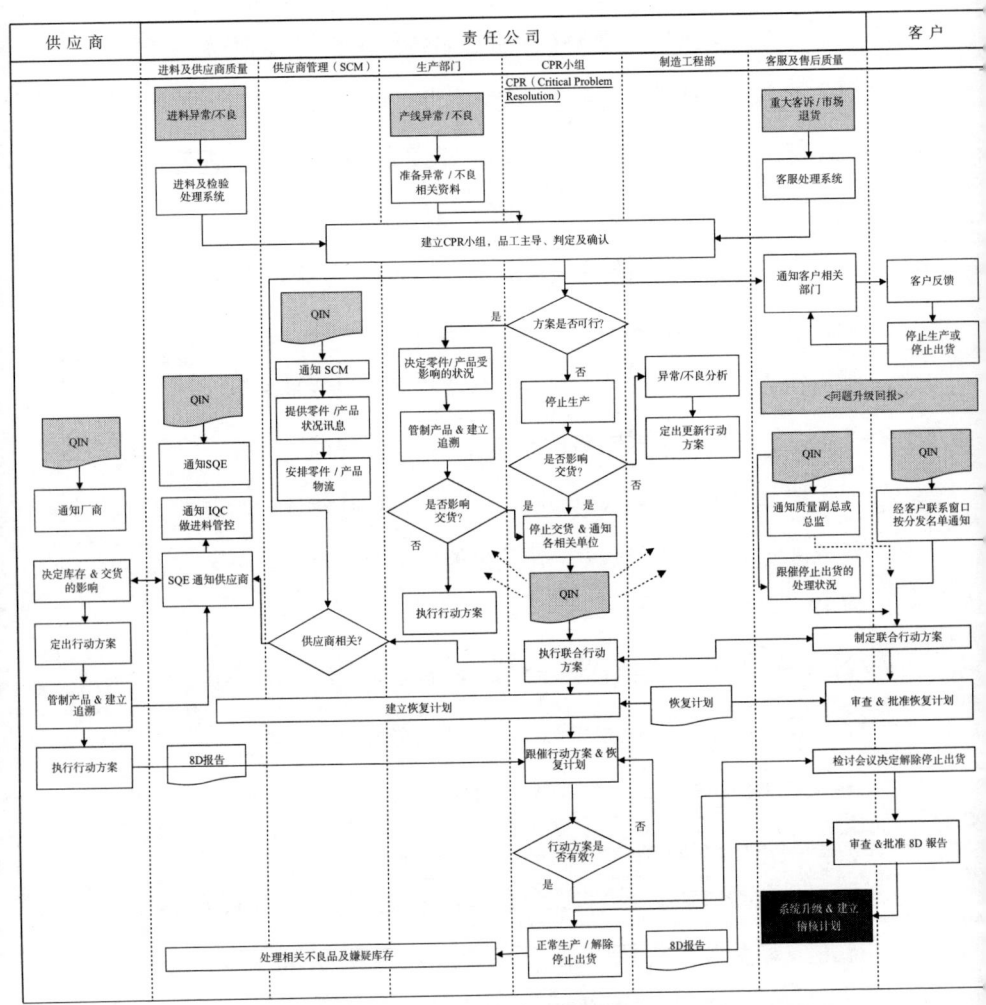

图 11 质量重大异常处理流程

提出临时解决方案（Containment），也就是采取一些临时、快速的措施暂时把危机稳住；二是了解问题发生的原因，找到最终解决方案。

第二是 QIN（Quality Issue Notice，质量危机通报）的使用。QIN 是一种质量危机通报形式，供责任单位于事发后与各个联络窗口沟通使用。危机发生后，由于客户、供应商、企业内部相关部门通常不在一起办公，联络起来非常麻烦，可是大家又都希望马上知道怎么回事，处理进度如何，影响层面多大，问题何时解决，生产何时恢复等。为了统一信息（包括时间和内容），避免误解及重复沟通，QIN 的使用便成为必要，它有助于这个目的的达成。

图中有多处标明 QIN，表示在整个流程处理过程中使用 QIN 的时机。通常，CPR 小组在确认异常、预估影响范围及确定围堵方案后，应第一时间将 QIN 发给客户窗口。客户联系最好使用单一窗口，以免造成信息传递混乱。

除了公司内部 CPR 小组外，为了和客户有效沟通，必须与客户建立一个联合会议的架构，作为决定开会频率、确认解决方案的机制。联合会议一般在解除对客户的影响后停止。

在汇报问题时，最好采用简单、统一的表格，方便沟通。我曾经根据六西格玛的问题解决思路，即 DMAIC 设计了一页问题改进报告（图 12）。我要求所有人在报告时必须只用一页，目的单位：　　　　　　　　　　负责人：　　　　　　　　　日期：　　　　　　　　　版本号：

一、问题定义（Define）	二、现状数据（Measure）	三、原因分析（Analyze）		
问题描述：	销售日期，数量： 生产日期，数量： 流出不良数据： 产线不良数据：	类别	原因描述	负责人
		发生端	1. 2. 3.	
改进目标：		流出端	1. 2. 3.	
五、检查控制（Control）		四、解决措施（Improve）		
市场端：	类别	解决措施	责任人	执行日期	状态确认
	发生端	1. 2. 3.			
生产线：	流出端	1. 2. 3.			

图12　简易问题分析改善报告模板

有两个：一是精简和标准化，方便开会时沟通和信息管理；二是"逼"工程师动脑筋，强化他们分析、汇总、下结论的能力。大部分工程师愿意花很多时间收集信息、数据、资料，却花很少的时间分析这些信息，更别说做出结论。开会时，PPT一打开往往就是二三十页，洋洋洒洒一大堆，但说了半天不知道要表达什么。

我这一页的报告就是为了训练他们分析清楚资讯，道理想明白，按照DMAIC的思路逻辑，把归纳出的事实、数据写进一页纸里。因为只有一页，空间有限，迫使他们努力地精简、浓缩。我发现这是个非常好的训练，许多工程师在执行一段时间后，逻辑思维和分析能力都有了很大的进步。一页好的报告内容抵得上20页PPT档案，而且都是重点信息，易于和整个团队分享。因为信息清晰，大家可以在最短时间内吸收并了解，也容易讨论，缩短了做决策的时间。发生重大异常时，最重要的就是沟通，这一页的报告就是重要的沟通桥梁。

做好危机复盘

根据我近三十年的职场经验,我发现一个超越不同企业文化的共同点,就是发生重大危机后,企业领导都会不断地要求复盘。不同的企业有不同的叫法,有些地方称之为反省或事后检讨,英文则是 Reflection。复盘可能源于围棋用语,也可能来自股票市场,不管怎么叫,它的意思是把事发当时的情形整个推演一遍,看看错误出在哪里,该怎么改进。

复盘可以是局部的,也可以是全面的,只看企业领导的意图有多强,想要挖多深。郭台铭先生说过:"成功是一名很差劲的导师,它给你的是无知和胆识,但是它不能给你的是下一次成功所该具备的经验和智慧。"换句话说,真正的经验和智慧来自失败的教训，教训的总结来自复盘。失败本身无法防止下一次犯同样的错误，这个防错的能力是复盘给的。可惜的是，我所经历过的大大小小复盘基本都以做样子收场。成效比较大的都偏向于技术层面，流程、系统、管理上的复盘，因为牵扯到人，比较敏感，成效有限。

记忆中，复盘做得比较到位的还是丰田。为什么？还是企业文化的问题。在北美丰田，几乎隔三岔五就能听到 Reflection（复盘）这个词。出了任何事故，不论是汽车还是人，当然都是先去处理，照以往的经验，事情处理完了我认为就没事了，没想到第二天就会收到复盘会议通知。更过分的是，有时候刚处理完，正往回走时，就有同事顺口说："怎么样，有空吗？要不要找个地方复盘一下？"我那时刚从福特过来，觉得忙了半天，累坏了，正想休息会儿，一听到复盘，就很不舒服，心想你怎么那么多事啊！后来慢慢发现这个复盘的习惯在丰田已经深入人心，就好像早上起床刷牙、饭前洗手一样自然。当文化变成习惯后，就不需要领导催促，大家已经自动自发去做了。

丰田无所不复盘。大到一款新车上市后的全厂动员复盘，小到修复一个流水线的组装问题，两、三个工人和小组长聚在一起，讨论一下错误在哪，该怎么避免，然后第二天新的标准作业程序就挂出来了。记得当年新款凯美瑞上市后，我们质量部门召开的复盘会议多得都数不清了，最后复盘报告有 600 页，装订成厚厚的一本，留给下一款新车开发的工程师们参考。注意我说的这些复盘，没有一个是领导指示的，都是个人或团队自动自发完成的。

为什么其他企业复盘都需领导三令五申地要求，甚至有的企业举行复盘大会，有关部门主管一个个排队上台检讨，却一整天下来没抓到什么核心？我认为有两个原因。

第一，没这习惯。回想一下我们从小到大，做过几次认真、深刻的反省（复盘）？各人在自己内心的反省我无法得知，不过公开的真的不多见。这恐怕和我们的文化有关。中国有句老话：得饶人处且饶人。当我们把反省和责人或自责画上等号时，这个反省会议就变成谁也不想触碰的烫手山芋。因为我们好面子，既不想公开"羞辱"别人，也不愿自辱。就算勉强做了，也是敷衍一番，所以复盘的效果始终有限，同样的错误不断地再犯。领导也就不厌其烦地要求复盘、复盘、再复盘了。

第二个原因和企业文化有关。我前面讲过，企业文化是讲究配套的，单一的文化如果没有适当的支撑，在企业里是不可能存活的。譬如企业一方面鼓励流水线的工人遇到质量问题可以停线，但是每次一停线班组长就责怪工人，抱怨每停一分钟浪费了多少产能，公司损失了多少营收。这种重视质量的呼吁和实际行为的不匹配是培养不出任何文化或价值观的。

企业文化的成功有几个要素很重要：一是从内到外、从上到下一致，不能互相矛盾，不能有特例；二是企业员工愿意接受企业的核心价值观;三是中级主管能承上启下,不断地去推动。

美国通用电气(General Electric)前总裁杰克·韦尔奇(Jack Welch)曾将一个企业的员工分成四类:第一类是有能力并且认同企业价值观;第二类是能力不足但认同企业价值观;第三类是既没有能力又不认同企业价值观;第四类是能力强但不认同企业价值观。第四种人最难处理,他们能力强、业绩好,但无心将企业文化根植于部门,因此也不会重视企业长远的发展。复盘落到他们手上,基本就是应付一下。

这么多年来,我拜访、稽核过不知多少企业,每当和企业老板谈到复盘问题时,大家似乎都有揪心的痛。他们都明白复盘的重要性,知道不把真正的错误找出来,将来这个问题还是会回来咬自己一口,可就是无法推动、落实这个文化或习惯。其实在我看来,只要心里过得去一个坎,这就一点都不难。什么坎?复盘先从自己开始。"以身作则"怎么到了领导那儿就变得这么难了呢!

第七章

质量人才的培育

质量人才的必要特质

做质量工作和做其他事情一样是"预防重于治疗"。一般人看重质量人员解决问题的能力,这固然是做质量的基本功,但有一样更重要的工作是能及时洞察危机,嗅到风险,果断采取措施将问题消灭于无形。做质量工作的人必须具备下面几个特质:

(1) **细密的心思** 粗心大意的人最好不要选择质量工作,因为质量不但跨业务、跨部门,还牵涉广泛。从供应商到研发、到工厂,流程复杂,规范多如牛毛,心思不细密会有太多疏漏的地方。照看不到细节,质量怎么可能好?"魔鬼都在细节里"这句话对质量来说最恰当不过。西方有一首关于注意细节的童谣,广为流传:

For want of a nail, the shoe was lost.

（因为少了一个钉子，掉了那只马蹄铁。）

For want of the shoe, the horse was lost.

（因为掉了那只马蹄铁，那匹战马跌倒了。）

For want of the horse, the rider was lost.

（因为那匹战马跌倒了，而摔了那个骑士。）

For want of the rider, the battle was lost.

（因为摔了那个骑士，结果输了那场战役。）

For want of the battle, the kingdom was lost.

（因为输了那场战役，整个王国丢了。）

And all for the want of a nail.

（都是因为当初少了一个钉子。）

歌词中因为少了一个钉子而丢掉王国的事是真有其事。它描写的是1485年的博斯沃思战役（Battle of Bosworth Field），当时英国国王理查三世（Richard III）在作战时，战马的一只蹄铁因为缺了一个钉子而脱落，使得战马摔倒，理查德三世因而被敌军俘虏，造成战役失败，最终失掉了他的王国。这首童谣是告诉孩子们要注意细节，不要因小失大，这和中国人说的"千里之堤，毁于蚁穴"是一个意思。法国的拿破仑和美国的开国元勋本杰明·富兰克林都曾用这个故事告诫属下不要忽视小节。从质量管理来说，一个小零件就能破坏整个产品。没有细密的心思将无法注意到那些致命的细节。

（2）**敏锐的观察力**　这里指的是对事情的观察能力。一进会议室或车间就能看出不对的地方。不论是 PPT 里的推移图、不良原因分析，还是桌上的记录、点检表、工厂机器的运转声音、工人的着装，甚至厕所的清洁，一眼看去，重要问题和缺失基本可以了然于胸。有这样的观察力就能看到别人看不到的地方，问题的症结或解决方案往往就在这里。

（3）**思考原因，不人云亦云**　如今企业里传播的资讯，不论是口头表达还是电子邮件，和互联网情况类似，很多都不全面、不深入，而且往往意见多于事实。不要随便相信眼睛看到的或耳朵听到的，要经过一番消化、汇总、推理、总结，才能得到真正有用的信息，才能把握问题解决的方向。

（4）**果断行事，不拖泥带水**　只会看问题和想原因还不够，质量人必须要能起而行、速度快。质量问题往往都是大事，反应不快，将可能后悔莫及，尤其是在处理危机时。高明的组织才能和正确的决策是必要的，但亲临第一线，随机应变，有敢于做决定的执行力也是不可或缺的。

（5）**善于沟通**　质量不像产品、研发、供应链、销售等主流业务，它属于无处不在的支援业务。"绿叶"想让"红花"听自己的，除了靠流程和规范服人，主要还是靠沟通能力。做质量的口才要能如苏秦、张仪之辈，合纵连横，方能说服别人倾听你的想法，服从你的意见，执行你的质量保证或改进方案。尤其在质量预防上，没有惊人的口才和证据，很难驱动主流业务。

（6）人品端正　质量人手中掌握的一些工具和权限，如果使用不当，将贻害无穷。就像古人说的：剑乃利器，以之行善，其善无穷，以之行恶，其恶亦无穷。质量人必须行得正，坐得端，方能服众。

质量人要能看得比别人深，他们最大的价值不在出事后解决问题上，而在事前识别出风险征兆，采取断然行动，将可能燎原的星星之火扑灭。2008年，我所在公司的某一系列新产品遇到上市前的各种质量问题，不但上市时间推延，客户高层也向我们的CEO提出了非常严厉的抗议和责难。我那时在另一个单位负责质量，被CEO紧急抽调过来帮助解决问题。我在最短时间跑遍了工厂，了解问题所在，领导一个跨部门团队，大概在一个月内就把情势稳定了下来。后来CEO在复盘时将这次危机戏称为公司的"9·11事件"，因为客户是在9月11日来电抱怨的。事后分析，之所以能快速处理问题，主要得益于果断和充分沟通。

2012年，当我们准备在美国市场推出第一款4G智能手机时，却在放量前三个月遇到重大质量危机，整个项目几乎瘫痪。那时我刚刚加入这家公司，在闻听事态的严重性后，马上主动请缨，亲自主导整个项目，重新评估项目缺失和风险，当机立断，力挽狂澜，终于使得产品准时上市，保护了公司的声誉。

　　这么多年来，我在不同的工作岗位上从未出过重大纰漏，回想起来，应该不只是运气，而是无形中不断地使用这套质量预防思维，在事情变坏前，能及时洞悉风险所在，及时围堵或预防不良后果。我在2010年的富士康"跳楼事件"中处理了上千件相关案子，还亲手救下两名有极强自杀倾向的员工（当时诊断的心理医生说，再晚一小时发现，后果不堪设想），用的就是十多年积累下来的质量问题预防思维。我写这本书的目的之一即是呼吁企业建立"预防"观念，防患于未然，而不是花费巨大的资源在出事后解决问题上。

培养人才从慎选开始

PDCA 的观念让我们在做任何事情前先谨慎计划再动手,也就是俗话说的"谋定而后动"。这个观念用在人身上依然正确。企业用人讲究选、育、用、留,而选最重要。如果没选对人,后面三项做起来会非常辛苦。

选的过程中,面试是唯一双方面对面的机会。如何面试是一门大学问,这里介绍我以前在北美丰田的做法。丰田采用集体面试,首先人力资源部门会邀请相关主管组成面试小组,面试前召集小组开会,让小组成员先了解被面试人基本情况、背景经验,然后根据下面要讲的七个维度对应各人应聘的工作设计一份问卷。每一项维度有两三个评估项目,每一个评估项目下面有两三条问题。

整个问卷是基于情景模式（Scenario Base）设计的，即所有围绕着七个维度的问题（后面有详述）都是在诱导被面试人根据自身的工作经历，举例描绘当时的场景来回答问题。小组成员通过他们阐述的"故事"来判断他们的能力。

当然，既然是"说故事"，我们怎么知道应聘者不是在编故事？这就需要依靠面试主管们的判断力了，他们通常采用追问来确认或以"旁敲侧击"的方式来判断应聘者说法的真实性。丰田认为说故事是最有效的评估方法，通常我们不会问没有答案或者有"标准答案"的问题，譬如"你觉得你未来会对公司有什么贡献？"或者"你觉得进入公司五年后你会扮演什么样的角色？"或者"你认同公司的文化吗？"等。因为这些答案无从判断面试者，问了也是白问，浪费时间。

在面试中，每一位面试主管会负责一到两个维度。他们会根据每个维度的定义和要求设计几个问题，这些问题必须能让大家从面试者的回答里判断他们的能力。当然在某一维度的问答过程中，其他面试主管可以追加问题或要求针对面试者所说的话进行补充说明。人力资源部门在整个面试过程中进行协调，控制时间进程，但基本不主动提出问题。

除了自己部门，我也常常被邀请参加其他部门的面试，对这套方法的使用颇有心得。后来离开丰田，加入其他企业后，曾多次尝试推荐这套"说故事"的方法，但并不成功，人力资源部门认为这套方法太复杂了，其实不然。

以下说明这七个评估维度、评估项目及相关提问。

七个维度

1. 识别问题的能力

评估 A：计划和组织

问题一：请描述你是如何规划长期策略的，并给一个例子。执行的结果如何？

问题二：请举例说明你曾经用什么方法协助你的团队达成年度计划目标。

评估 B：创新

问题一：请举例说明你曾经成功地导入一个独特的创新模式或方法来解决工作上的问题。

问题二：请举例说明当你很不满意团队的表现时，你怎么办，后来结果如何。

---

2. 执行力

评估 A：正确判断力

问题一：当你没有足够资讯而又不得不做决定时，你怎么办？请举例。这个决定后来的结果如何？

问题二：当你沉思良久，无法下决定时，你会怎么办？请举例。最后结果是什么？

评估 B：决策能力

问题一：当开会时众说纷纭、意见有分歧时，你如何促进达成共识？请举例。

问题二：你认为过去一年内你做过的最好的决定是什么？请描述决策过程和结果。

评估 C：坚持

问题一：当你遇到重重困难时，你是如何克服的？请举例。

问题二：当你对结果很不满意时，你怎么应对？后来结果如何？请举例。

3. 带领团队的能力

评估 A：优先顺序和资源配置能力

问题一：当任务多而资源有限时，你如何取舍？请举例说明。

问题二：请举例说明你如何改进你的部门组织能力和效率。

评估 B：方法论

问题一：当你接手一个新的部门或团队时，你如何设计组织和相关职能？

问题二：你曾经如何让一个团队发挥最大战斗力？结果如何？请举例。

4. 管理人力资源的能力

评估 A：打绩效和反馈能力

问题一：请告诉我们，当你给属下绩效回馈时，你都说些什么。

问题二：当属下表现优异时，你是如何表扬他们的？请举例。

问题三：请描述当你指导两位下属执行同一项任务时，你的做法会有何不同。

评估 B：协助属下规划未来的能力

问题一：当培养属下某一项技能时，请说明你是怎么协助他的，结果如何。

问题二：请给我们一个你帮助属下规划职业生涯的例子。

问题三：请举例说明你如何评估一个团队的优势，你如何使用这些优势。

5. 领导能力

评估 A：诚信正直

问题一：请举例说明你是如何在诚信正直上身为表率的。

问题二：请问过去是否有过需要鼓舞士气的时候？如有，请问你是怎么做的？最后结果如何？

6. 公司文化适应

评估 A：团队文化培养能力

问题一：请描述你在以前的公司如何对下属培养公司文化。

问题二：请举例说明你如何鼓励某一个团队成功地实现目标。

> ## 7. 多样化员工（Diverse Workforce）
>
> **评估 A：培养团队成员对多样化的认知**
>
> 问题一：请给我们一个例子描述你在以前的公司如何培养员工多样化的观念。
>
> 问题二：当你在一个多样化群体中寻求合作时，请举例说明你是如何针对不同的人采取不同的方法而获得成功的。
>
> （注解：多样化指的不只是肤色和性别，也包含不同年龄、身材、宗教信仰、性倾向、经济地位、教育水平、健康状况或身份等）

如果是面试工程师，有一点是别的公司没有的，就是在快结束的时候请他们在白板上画一个立体的马克杯之类简单常见的物品，目的是了解面试者的立体绘图表达能力。我们发现，在工作中绘图能力很重要。在讨论观念、具体问题，或说明自己的想法上，能够在报表纸或白板上两笔、三笔把讨论的东西或概念画出来可以使沟通更有效。为什么画杯子？因为简单而具体，画得好不好一目了然。过去十年，我还没碰到过比我画得更好的工程师，大多数人连一个简单的方形框框都画得歪七扭八。我猜想很多人可能在学校时就没有受过基本的透视法训练，画一个3D立体图像都很难成形。画不出来只能依靠语言表达，这在沟通、说明一些问题时的确会产生很大困扰。丰田强调目视化管理，工程师会画画也和落实这个理念有关。

面试就好像生产工厂的进料检验，在这里人即是料，面试即检验。有效的进料检验不但能了解物料的组成及功用，在抽检的基础上利用统计学设计出最小抽样数，也能使检验结果保证上生产线后的物料质量。面试也一样，不是随便找几个主管，发个被面试者的简历，然后将人带去主管办公室谈半小时就算完事了。况且面试的主管们通常也不会花时间沟通讨论，达成共识。这期间基本只靠人力资源部门传达一下各方反馈，最终由用人部门主管做出雇还是不雇的决定。这种做法非常不可靠，极易把不适任的人引进公司，等将来发现问题时再处理就比较麻烦了，并且会浪费公司许多资源和时间。

我认为丰田的面试方法论和物料检验的逻辑是相通的，即找出最省力且最有效的检验方法，在有限的时间内识别最适合公司发展的人才。至今这种基于情景模式设计的集体面试，仍是我见过最有效的评估办法。记忆中，我在丰田的那段时间公司全年离职率不到3%，这应该和慎选员工有密切的关系。当年我的质量部门引进的工程师表现也都非常好，进入公司后对企业文化的适应很快，团队间相处得非常融洽，这些都得归功于这套面试方法论。

个人的觉悟和修炼

在职场上可以学到很多事情，譬如待人接物、工作方法、解决问题的技巧等，但有些东西不容易学，这大多和人的基本面有关。譬如在质量工作上，我认为有两项非常重要的素质是教不出来的，只能依靠个人的觉悟和修炼：一个是工作热情，另一个则是思考的意愿。

提起工作热情，尤其是当领导询问的时候，一般人都会争先恐后表态：我绝对有工作热情，不但加班加点，而且绝对配合公司战略，牺牲奉献在所不惜。可是仔细观察起来，事实好像不是如此。一旦工作上受到委屈，觉得自己遭受了不公平待遇，或者加薪、升迁不如预期，很多人的热情一下子全没了。这种表态式或者以功利主义为出发点的热情不是我要说的工作热情。

举个例子。2002 年，我晋升为福特汽车全球质量系统的总监，直接向公司的质量副总裁汇报工作。那时候我管理四个部门，总共有 400 多人，其中一个部门主要的工作是分析公司全美合约汽车维修厂（也就是 4S 店）提交的在保固期（Warranty Period）的汽车维修记录，从中发掘一些潜在的质量问题。这个分析对新上市车型尤其重要，它可以迅疾提供工程和制造部门改进的机会，起到早发现、早解决的功效。除了可以加强用户满意，更重要的是可以大大地降低维修成本。

那时全美有 3000 多家修理厂，而这个部门只有 60 多名员工。他们需要每天及时登录系统搜索、阅读散布全国各地（手写）的修理记录，还要从中找出一些关键词句做交叉分析，排除杂音，找到有用的信息。为了避免提供太多错误信息或无效信息，造成工程及制造部门时间和资源浪费，我们开发了一个人工智能（AI，Artificial Intelligence）系统，协助这些工程师进行分析并输出标准格式的报告。报告一般经过部门经理核准后就可以发出。

因为数量多，平时我不会一一阅读这些报告。但在接手这个部门不久后，在不同场合听到不少研发、制造经理及工程师称赞这个部门里有个分析员的报告写得特别好，非常有用，帮助他们解决了许多问题。在好奇心的驱使下，我特别找来几份他的报告，看了觉得的确写得很好，好在分析得仔细、举证充分、言之有物，因此能加快锁定问题。我知道要写出这样内容的报告已经超出公司的要求了，且大多数分析员只有专科学历。

有一天我特别抽时间去和他聊聊。他是位留着小胡子、个子高高的帅哥。我称赞他报告写得很好，问他为什么将报告写得那么详细扎实？他对我说："因为你是第一个问我这个问题的领导，所以我愿意告诉你为什么。"他接着说："因为它不只是一份工作，我认为我是在拯救生命。"我一听，当时就愣住了，半天说不出话来，感动得眼眶都有点红。我看了看这个 30 岁出头的年轻美国人，拍了拍他的肩膀，说了句"Very good，please keep up the good work（很好，请继续加油）"。

回到办公室，我的心情良久不能平复。那个年轻人永远不会知道他一句话对我造成多大的震撼，我到今天都不知道他是如何在这样一份单调、机械的工作中建立起这样的信念。我知道，就是这个信念，让他不眠不休，不放弃任何维修的环节，甚至亲自打电话给维修师傅询问细节，讨论刹车失灵、电路起火、漏油等和安全有关的问题。因为他坚信只要能找到一个安全隐患，就有可能在未来的新车上避免这个问题，因而救下好多生命。这种基于信念而产生的工作态度才是真正的热情，它不会随着外在条件的改变而消失。那些不是基于内心信念产生的热情，在我看来都不是真正的热情，顶多是激情，而激情是不能持久的。

这样的工作热情，只能靠自己修炼，别人是教不来的。

第七章
质量人才的培育

另一个教不来的，是思考的意愿。我加入北美丰田的第一份工作是担任位于肯塔基州乔治镇（Georgetown）的钣金冲压和组装厂的质量总经理。该厂负责生产 Camry、Solara 和 Avalon 三款轿车，其中 Camry 是全美最畅销的中型轿车。那时候每一位丰田北美的高管都配有一名来自总部的顾问，这些顾问都是服务总公司 30 年以上的老丰田人，在他们的专业领域有丰富的经验，对公司文化也非常熟悉。我的顾问是毕业于日本著名的京都大学机械系的石桥先生（Ishibashi-san）。

入职不久，就在我还沉浸在被丰田挖角的骄傲中时，有一天石桥顾问问了我一个问题。他说："你知不知道 TPS 是什么意思？"我一听不太舒服，因为 TPS 在全世界制造界谁人不知，谁人不晓，问我不是有点瞧不起人？

我当时没好气地回答："知道啊，不就是 Toyota Production System 嘛！"他说："对。那么这三个字哪个最重要？"我一听，觉得这个有点意思。想了想，绝不是 Toyota，这只是公司名字。公司名字当然重要，但绝不会是他提问的目的。Production 是制造，一样的道理，那就只剩下 System（系统）了，而且对做生产的人来说，系统流程比什么都重要，答案就是它了。于是我信心满满地说："当然是 System 了。"不料他说："不对。"我愣了一下，问他应该是哪个字。他让我回家想想，明天再去找他。我开始从原来的轻蔑转成好奇，心想三个字已经去掉一个"系统"，就剩两个字，应该很好猜。可是又觉得这里面好像藏有什么玄机，得好好琢磨琢磨，不然明天肯定会被他瞧不起。

当天晚饭后，我泡了杯咖啡，一个人静静地想了好久，把所有可能的陷阱、答案都分析了一遍，还是得不出一个让我自己满意的答案。第二天一上班，我就去找这位石桥顾问，这回态度谦虚，知道他问我定是有深意。当我告诉他我想了一晚确实想不出这两个字有啥重要，他笑着告诉我，这个问题是丰田顾问对北美新进高管的标准测试之一，有趣的是至今也没人能答得出来。他解释，在丰田内部，TPS 的 T 不是指 Toyota（丰田），而是指 Think（思考），因为丰田今天所有 TPS 里的制造、质量、工程、供应链等系统流程，无一不是全体员工长期不断地 Think 出来的，唯有不断地思考才能不断地改进。

反观其他企业，很多人在工作上喜欢"萧规曹随"，也就是现有的规范、方法，只要没什么问题，一般就倾向于不动它。这个习惯往好处说是不太会出错，也省脑筋，但如果一个公司绝大多数的人都这样，整个团队就会缺乏改进、创新的动力，公司的产品和业务就会停滞不前。在今天竞争激烈的商业环境中，没有改进创新，将不进则退，失败就只是时间的问题了。

更可怕的是，这种萧规曹随一旦形成企业文化，其结果是公司领导变成唯一创新改进的动力。原因很简单，大家都不动，领导着急，又拿不出良策，只好自己想方法、挤创意，推动下属去

第七章
质量人才的培育

执行。久而久之，形成恶性循环，大家就更不愿动脑筋，只听命行事，最后除了把领导压垮外，也一步步把公司推向悬崖。

丰田则刚好相反，领导只花时间了解问题、提出问题，基本不解决问题。这不是他们不能，而是希望推动负责相关问题的员工（不论职位高低）自己思考，想方法解决。

有一个在北美丰田乔治镇工厂内部流传甚广的故事。丰田最有名的员工莫如发明丰田制造系统的大野耐一。他20世纪80年代曾在这个工厂当过顾问，传授TPS。他经常到生产线上调研，发掘问题。当他发现并了解清楚问题后，会询问这个区域的主管各种相关情况，几乎一问一个倒。如果主管回答不出他的问题，他会从口袋里掏出一截粉笔，在地上画个圈，请这位主管（有时甚至是经理或总监级别）站到圈子里，然后跟他们说，请待在圈子里好好想，什么时候想出答案什么时候可以跨出这个圈子去找他。其实，这个做法在美国文化里有些侮辱人的味道，因此他刚开始这么做的时候引起了很多美国主管的反感。前辈告诉我，这么做了一段时间后，大家慢慢地感受到他的用意，才开始认真地思考大野先生问的问题，分析原因，找出答案。据说，当时真有人傻傻地站了两三个小时。

这种带点虐待的方式逐渐地影响了整个乔治镇厂的管理阶层，也逐渐地把思考的习惯传递到了基层。在我加入这个厂负责整个质量体系时，最让我吃惊的就是开会时大家共同参与、七嘴八舌发表意见的场景。我敢保证，任何外人这个时候走进会议室，旁观10分钟，一定分辨不出这群人的职位高低。而在其他公司，我的经验是，任何外人走进会议室，立马能知道谁是领导，因为整个会议就只有领导在发言，其他与会者只是埋头做笔记。

写到这里，想起一位老领导讲过的一个很有趣的"拉马的兵"的故事。说有一个炮兵司令，为了敦亲睦邻，有一天邀请附近的村民参观他的炮兵部队演习。演习完了，这位司令问现场的乡亲父老有没有什么问题。一位老先生举手说："演习非常壮观，但有一事不解。"司令问何事不解。老先生说："演习从头到尾我发觉有一个士兵一直立正站在炮身的右后方，一动不动，不知何意？"司令听了愣在那里，答不出话，因为从他进入炮兵开始，这个兵的编制就存在，可是他也不知道这个兵是干什么的。

事后他努力翻书找答案，发现这个兵确实有个职能，就是在炮弹发射时，拉住拖炮的马，以免它受惊跑掉。当年没有汽车的时候，炮都是靠骡马拖运，所以这个"拉马的兵"是个很重要的职位。后来改成汽车拖运，不知何故，骡马没有了，这个兵的编制却一直保留下来。这个故事可以从企业管理不同的方位进行解读，我的解读是，这个司令显然缺乏主动思考的意愿。

丰田几十年来一直深信，唯有全员都动脑筋思考问题、解决问题、改进现状，才是推动整个公司不断向前进步的最主要动力。不过领导无法逼迫员工思考（至少这不是个有效率的方法），需要

第七章
质量人才的培育

从两个方面着手判断和引导。

一是面试新人的时候,设计许多方式、情境来判断这个人愿不愿意、会不会思考(见本章上一节)。我在离开丰田后,一直试着把这套方法复制到其他企业,却都不成功。可见任何企业间体制、系统、方法论的横向移植,如果没有配套的文化与价值观做支撑,是不易成功的。

另一个激发思考的方法是从公司文化切入,营造氛围诱导员工思考。丰田有两大核心价值观:尊重员工和持续改进,我一直到进入丰田好几年后才想明白这两者之间的关系。公司要想永续生存,就得不断创新和改进,而要做到这一点,就得首先尊重员工。丰田检讨问题时的基本精神是不责怪人(No-blame System),他们认为员工犯错只有两个原因:一是经验不足,二是主管没有尽责,因此解决问题的重心就放在这两个原因上,没有责怪员工的必要。这种尊重员工的文化使得大家在分析、解决问题时能就事论事,免于担责的恐惧,自然也就能放心思考问题,专心解决问题。如此集众人之智慧,何愁问题不能解决,公司焉能不持续改进和发展。

思考的意愿虽然一部分可以从企业文化和价值观上进行诱导,主要还是依靠个人主观的认知。以我多年的经验和观察,这个认知并不是在进入公司后培养出来的,而是员工进入公司之前就存在的来自家庭、学校、自我的潜移默化。

可惜大部分的企业家、领导者理解不到这个层面，反而认为不论什么事（包括工作的热情和思考的意愿），都可以订个KPI逼出来。结果适得其反，非但达不成目的，反而造就了标语、口号式的形式主义，形成了企业的烂文化。更可怕的是烂文化一旦形成，基本就永远不可能拔除了。

第八章

质量管理者的领导力

这一章里谈的几条领导力素质是我多年工作的经验总结。在过去30年的职场生涯中，我历经美国、日本、台湾地区、大陆几种不同文化的企业，职务跨越甚广，从研发科学家、材料工程经理、制造质量高级经理、车身焊接厂副厂长、整车组装厂副厂长，到全球质量体系总监、质量总经理，公司质量、制造体系高级副总裁，首席质量官（CQO）等，带过的下属从10人的硕/博士研发团队到超过20000人的工程和制造部门。下面这八条领导力素质是我漫长工作生涯中的重要体会，是我一路经历、实践、沉淀，不断修正，最终奉行不悖的领导准则。

人比什么都重要

如果没有人,组织、策略、管理模式、KPI 其实都是空泛的。"员工是最好的资产"已经变成陈词滥调,但有多少企业家、领导真正相信并拥抱这个信念,有多少员工认为他们只不过是一些被企业摆弄的棋子,又有多少员工真正为公司奉献了他们所有的智慧和创意。我认为影响员工奉献最重要的因素是"领导者为人正直"。正直的领导对下属开诚布公,坚持最高原则和理想。正直是一个人诚信的标志,也是赢得信任和激励他人追随的基础。

美国第 16 任总统亚伯拉罕·林肯(Abraham Lincoln,1809~1865)被美国人亲昵称为"诚实的阿伯"(Honest Abe),Abe 是林肯名字 Abraham 的简称。大家都知道林肯是美国历史上最杰出的总统之一，既没有显赫的家世，也没有接受过高等教育，却让残酷的奴隶制度在美国终结。时至今日，人们不仅敬仰林肯，更怀念他的正直、善良、坚强和宽容。

最令人佩服的是连林肯政治上的敌人都不怀疑他的正直诚信，这就非常难得了。林肯的正直是发乎天性，不是为了政治目的装出来的。他年轻时候在一家小商店做店员，有一天，一位妇女来商店买东西，结算了 2.65 美元。后来林肯发现总数算错了，应该只要 2 美元。虽然钱不多，他还是决定当天把多收的钱还回去。可是顾客住在好几公里之外的地方，而且下着大雪，道路非常难走。这并没有动摇林肯的决心，等他走到那位顾客的住处，将多收的钱如数奉还时，那位顾客无比惊讶。

林肯的伟大成就和他这些优秀的品德息息相关。查尔斯·杜西格（Charles Duhigg）在他的《习惯的力量》（The Power of Habit）一书中也提到性格决定命运。良好的品德反应在思想和行为上就是性格。丰田汽车有句名言，"造物先造人"。"物"指的是事情、器物，"人"指的是品德、修养、能力。唯有人品好，事情才做得好。领导部属也是一样，唯有为人正直，秉持公平、公正、公开的原则，才能使下属信服，为你所用。

除了正直的基本条件外，领导者必须具备发掘部属潜能的慧眼。日本战国时代（自公元 1467 年的"应仁之乱"到关原会战——德川家康统一天下的一百余年间）著名的大名（日本古时拥兵自重的领主）北条氏纲给儿子氏康留下一封遗书，其中有段拔擢人才的话，备受后人推崇。他说："用人有用处，不用其无用处，待有用时乃用，是为良将。视人毫无用处者，实乃大将之心窄浅。拥一国之大将手下，人才好坏不计其数。纵是庸才，不犯罪科亦难加刑罚。若出仕期间得知大将见弃之心，势必丧失勇气，终成无用之徒。大将者疼惜众人之心，应广为诸人所知。众人有用与否，存乎大将一心也。"没有人十全十美，领导者要能看出部属的长处，适材适所令其发挥，方是用人之道。

易得罪人的质量领导

负责任的质量领导常常会得罪人。大部分的企业不断地在交付与质量保证间挣扎。有一年我们有一款非常重要的新车上市，这是公司第一次切入这种车型的市场，而且当时市场份额第一的竞争对手已经在这个位置上盘踞了 20 多年，因此公司从上到下都战战兢兢，付出极大的努力，希望一举成功，咬下一大块饼来。市场营销为了宣传，也在全国 2000 多个销售门店策划了一系列宣传促销活动，包括每个门店至少有一辆新车展示，发布会邀请当地各大媒体，制作平面广告、视频等。

就在转产评审会议的前一天，一位路试的检测员发现汽车收音机在某一个频段上出现声音断断续续的现象，虽然不是百分之

第八章
质量管理者的领导力

百这样,但的确像是个功能缺陷。这下子事情大了。由于这款车的重要性,第二天的转产会议几乎所有相关部门的副总裁都亲自参加了,包括研发、销售、市场、制造、质量、供应链等。转产会议的主持人是质量副总,对会议结果他拥有一票否决权。

当这个发现汇报上来时,研发和质量部门马上进行确认及风险评估,消息也立即报给了总部的 CEO。大家一方面焦急地等待确认结果,相关市场及销售领导更是积极展开游说,希望无论如何第二天转产会议可以顺利通过,否则新车运不出厂,上不了火车,辛辛苦苦准备的 2000 多场全国同步发布会将面临取消或改期。这将给公司造成巨大的损失!

因为质量副总有一票否决权,理所当然变成所有压力的焦点。他一面折冲于这些领导之间,一面焦急地等待结果。我记得一直到深夜两点,验证结果才出来。由于可以概率性复现,确认是不良品,而且属于功能性质。虽然已经连夜通知位于日本的收音机供应商火速分析原因,但最大的难题还是明天转产会议能不能通过,不通过车子将出不了厂。

第二天上午 10 点,会议准时开始。各部门根据职责报告了目前的问题及风险评估,因为事先重要的问题都已经解决或有相应对策,会议进行得很顺利。如果没有收音机这件事,预计新车将顺利通过转产,第一批 2000 多辆新车也将如期装车开运。会议的最后一项议程即是讨论这个收音机的质量问题。听完研发和质量部门的报告后，大家对结论并无异议，但重点是能不能出货。各部门副总各抒己见，有的怪质量部门为何不尽早发现；有的说这不是必现的，而且只出现在某一频段，用户不一定能发现，风险不大；有些则强调发布会改期的成本将多么巨大。现场大家都情绪激动，火药味十足。

最后投票，赞成特采出货的占多数。这时几十双眼睛都盯着这位质量副总，可以想象他当时内心的煎熬和孤独，多少年的质量经验和功力就考验这一刻。我记得他不疾不徐，平静地说："由于确认是质量问题，而且原因不明，对客户造成的不便和风险未知，故停止出货，等待情况进一步明朗后再决定出货时间。"

他一说完，整个会场就像炸开了马蜂窝，几乎所有人都站了起来，挥舞着双臂，又喊又叫，表示强烈反对。可是没办法，谁叫他有一票否决权呢！

我想说的是，负责任的领导往往需要固执、坚持己见，因为他们是为团队而不是个人的利益着想。必要的时候，他们得做出决断，带领大家一起行动，否则就无法扭转情势，因此得罪人是不可避免的。想让每个人都喜欢你，最后只不过变成一个平庸的领导。

如果你因为怕得罪人而不敢做出困难的决定，也不敢在该冲撞的时候冲撞别人，想处处讨好，更怕别人异样不平的眼光而不敢激励该被激励的下属，结果就是把部门最有创意、最有效率的下属气跑了、逼走了。

什么是好领导

当有一天下属不再找你求助,你也就不再领导他们了。关心下属的领导的门永远是对下属开放的,即便把业务标准设得很高,他们也永远关心下属所遇到的困难和挑战,他们会努力创造一个解决问题而不只是处罚的环境。好的领导尊重下属,倾听他们的心声,进而发挥他们的积极性和智慧。领导者是员工的教练,以身作则,积极为他们提供支持,引导下属自己去寻找正确的答案,用自己的双脚走出正确的道路。当下属对某个问题得出自己的答案时,他们就会为自己的决定和行动负责。

以下的例子发生于"越战"初期。当时美军为了了解北越军队的作战部署和兵力情况,以及测试美军的空中骑兵营在山区机动作战的能力（运用直升机将营级部队快速运往战区投入战斗，然后将伤员运回的作战方式），于 1965 年 11 月 14 日下令第七空中骑兵团第一营营长哈尔·摩尔（Hal Moore）率领全营 457 名战士在南越的德浪河谷（Ia Drang）着陆，在敌人兵力不明确的情况下（当时北越在河谷部署了三个团 3000 多人的兵力，但美军判断其只有大约一个营的兵力），发动了持续一周的德浪河谷战役，开启了美军和北越军队的第一次正式交火。这场战役也使得北越决定从此避免与美军进行正面冲突，改而采取游击战的战术。

此役美军第一营虽然伤亡 200 多人，元气大伤，但在空中及地面火力支持下也重创敌人上千人。在摩尔的第一营结束战斗撤回后，战役仍持续数日才最终结束。这场战役于 2002 年拍成电影《我们曾是战士》（*We Were Soldiers*），由著名影星梅尔·吉布森（Mel Gibson）主演，饰摩尔营长。

我在这里不是要讨论这场战役，而是想谈论摩尔营长在此战役和之前所展现的领导力。摩尔于此战役后获颁杰出服役十字勋章并升任上校旅长，于 1977 年以中将头衔退役，结束了 32 年的军旅生涯。就在我写到此处的 4 天前，他以 94 岁高龄去世。摩尔被美国《华盛顿邮报》（*The Washington Post*）誉为"美国过去半个世纪来最优秀的战场指挥官和最令人佩服的军事将领"。

摩尔营长的领导力体现在几个方面：

第八章
质量管理者的领导力

身先士卒

摩尔作战永远是第一个踏上战场,最后一个离开,不丢下任何一个同袍(包括战死的),这大概是身为领导最重要的素质了。身先士卒的领导能激发士兵的勇猛、战友的忠诚,足以将条件差、装备差的部队转化为虎狼之师。摩尔身先士卒的承诺展现在他出征前对士兵及其家属的讲话中:"……你们正在向一个死亡之谷前进,在那只能看到你身边人的背影,别人看你时也一样。你别管他是什么肤色、叫什么名字。我们将面对的是一群骁勇、顽固的敌人。我不能承诺活着带你们回家,但是我发誓,开战以后,我将是第一个走进战场也是最后一个离开战场的人。我不会留下任何一个同胞,不管是已经牺牲的还是仍然活着的。我们所有的人将一起回家……"

摩尔用实际行动兑现了他身先士卒的承诺。在整个战役中,他的士兵没有一人退缩,个个坚守岗位,战到最后。商场如战场,企业领导人可以从历史和战役里学到许多领导统御的方法,其实最终不外乎得军心和民心。

遇事沉着稳定

当时美军情报显示那里只有北越军一个营活动,实际上有三个团。摩尔营长着陆之地刚好是这三个团集结地区的中央位置,现场北越军指挥官判断美军要突击他们的秘密基地,立即下令向美军发起猛攻。从战役一开始,摩尔的第一营就陷入苦战。

战役的第一天,第一营就伤亡惨重,阵亡近百人。措手不及之下,直到当天傍晚摩尔营长才完成环状部署,以及组织可以应付紧急状况的预备队,他始终在战场中指挥。第二天破晓,北越军队以两个团的兵力自三个方向向美军发起攻击,战斗激烈至接近白刃战,北越军几乎突破美军阵地,迫使摩尔发出"断箭"(Broken Arrow)密语,即自身已有被击溃的危险。在几轮空中轰炸和地面炮火支持下,美军方得稳住阵地,但第一营当日伤亡60多人。

第三天清晨,北越军队仍继续攻击。由于摩尔营长已于前夜重新部署阵地,完成火网编织与炮兵集火点设置,以致北越军队始终无法突破美军阵地。当日下午,在遭受重大伤亡后,北越军队开始撤离战场。之后饱经重创的第七骑兵团第一营被空运载离,地区作战任务由后续抵达的第七骑兵团第二营接替。摩尔营长如他开战前所承诺,在确定所有活着和阵亡的士兵都已搭乘直升机撤离战场后,最后一个离开。

持续三天的战斗,第一营被五倍于自己的敌人包围,陷入苦战,摩尔始终身处阵地中央,沉着指挥,分析敌情,做出决定。《华盛顿邮报》说他在极端危险的情况下具有不可思议的沉着和冷静。而第一营在完全不清楚敌人虚实的环境下,充分信任他们的指挥官,虽面临重大牺牲也坚守阵地。这场以小博大的战役改变了北越军队对美军战斗力的战前评估,迫使他们做出以后尽量不

第八章
质量管理者的领导力

与美军正面交战的重大战略决定。当时的随军记者约瑟夫·盖洛威（Joseph L. Galloway）日后回忆道，摩尔在战役中三次拒绝上级让他离开战场、飞回总部报告战况的命令，始终坚守在第一线指挥。

关心下属，倾听他们的心声

摩尔的第一营兵员种族多样：有日本人、中国人、西班牙人、犹太人、波多黎各人、乌克兰人和美国白人、黑人。该营在开赴越南时还缺编237人，后补的兵员、军官多半是没有作战经验的新人。摩尔知道这些来自四方的兵员，由于文化、语言、宗教、生活习惯等的不同，要融成一体非常困难。除了严格的训练外，他特别关心下属，甚至关心他们的家庭。他尽量倾听他们的心声，替他们解决心理上的焦虑，尤其当要开赴战场时，这些年轻士兵不免心怀胆怯、情绪不稳，他都尽力安抚，并将军官太太们组织起来协助大家解决问题。

对营里基层军官，除了正常训练项目，他还特别重视发掘具有领导力的军官，因为他知道如果战况激烈、损失惨重，这些连、排长就有可能要担负指挥全营的重责。由于领导力很多是与生俱来的，他在各种科目训练中仔细观察，往往能从学员的互动中找出具有领导素质的军官。譬如在一次野外行军中，他发现一名军官主动指挥大家在休息时把鞋袜脱掉，互相检查是否有磨皮流血情况，然后做应急处理。这个不经意的动作展现了这位军官的领导能力——在关键时间做出正确决定，而且不事先请示上级。摩尔决心提拔这位军官，赋予其更大责任。果然在德浪河谷战役中，这位军官表现十分优异。

在企业里也是一样，上层领导都希望各级管理者、主管面对问题时能积极主动，但如何发掘具有领导能力的员工却不是件容易的事。领导者平时多留心细节，仔细观察下属开会讨论、处理工作的过程，不失为一个好方法。因为真正的领导力都是在不经意处体现。

摩尔的领导力培育了许多优秀的军官，不过他绝对想不到其中一位在很多年后，于2001年的"9·11"世贸大楼恐怖袭击事件中，凭一己之力救下了世贸大楼南楼摩根士丹利（Morgan Stanley）的2687名员工。他的名字叫里克·雷斯科拉（Rick Rescorla），是当时世贸大楼摩根士丹利保安部门的副主管。在德浪河谷战役中，他是摩尔麾下的排长。

在飞机撞进世贸大厦北楼时，雷斯科拉凭借多年经验判断北楼即将倒塌，而且会冲击摩根士丹利所在的南楼，果断指挥员工从楼梯撤退。在成功把摩根士丹利的2687位同事带出大楼之后，他冲进世贸大厦继续救人，经他协助逃生的具体人数已经很难统计。雷斯科拉自己却始终没有离开大楼，最终葬身火海，他的遗体也一直没有找到。

运用整体思维

做重大决定前一定要运用整体思维，不要忽视细节，但是注意不要把下属搞得迟钝。策略和执行同样重要，好的领导者在充分授权的时候不要放过重要的细节，但是不能严苛到让下属窒息、动弹不得，要鼓励他们适度挑战流程和方法。

运用整体思维，就是要全面思考是否应该采取行动，必须看到各种因素之间复杂的关联和由此衍生的结果。人才就是这样慢慢磨炼和培养出来的。

我见过很多领导，遇事很负责，事必躬亲，大小事一把抓，美其名曰怕做不好出乱子，把下属的脑子捆绑得死死的，完全发挥不出下属该有的能力。身为领导，重要的不是事必躬亲，而是把团队拧成一股绳，把目标和规则明确清楚，驱动整个团队朝一个方向前进。

领导虽然不需要知道所有的知识，但一定要有问对问题的能力。拿质量领导来说，大部分重大质量事故都需要跨部门的合作才能顺利解决：研发部门通常要负责查找原因及提出解决方案；制造部门要排查生产流程、日期、批号、不良记录等；计划部门得汇总供应商和工厂订单、料号信息；销售部门需要知道货都送哪去了，卖了多少，还有多少渠道库存；物流部门需要抓在途运送数量及物流仓储库存；客服需要知道怎么联系客户，画出不良品流到市场的地区分布图，协调当地资源进行重工；质量部门则是协助各部门汇整所有的信息，以简单明了的方式呈现，并召开定时定点会议，分析现状，评估风险，制定解决方案和追踪闭环。

这个时候领导要做的是不断地提出问题，诱导大家，梳理细节，化繁为简，从而看出整个事件的脉络。如果思考不全面，很容易掉进"先定结论后找原因"的自我实现预言（Self-fulfilling Prophecy）陷阱。我见过不少领导，没听三分钟就开始下结论，结果把整个解决问题的方向带偏了，浪费许多资源和时间。

勤思好学，适才适所

领导要勤思好学，注意表层下的真相；要发掘下属的潜能，适才适所，才能拔擢人才。"没出事就表示没事"对公司来说是很危险的，也是主管或员工偷懒的借口。如果公司的文化如此，那就表示没有人会积极、主动地寻找问题、解决问题。好的领导一定十分好学，总是在观察各种现象，分析表象下的真相，不断地寻找新的解决方法。

过去几乎每一年我的部门都会有新进的应届本科毕业生，我们称之为学生兵。在转正前，他们必须到部门实习6个月，一则多方面了解未来的业务，另一方面让企业可以考察他们的潜力。

一般不会有太多领导花时间关心这些实习生，我应该是个例外。通常在自我介绍后,我会根据他们的表达能力、本科所学和兴趣,亲自给他们确定一个研究课题。在这段时间,他们除了向部门主管和同事学习外,另外一项任务,就是想办法把我给他们的课题研究清楚,在实习期满时给我一个报告。譬如安排在研发质量部实习的人可能拿到一个和铝合金 CNC(电脑数字控制机械加工,Computer Numerical Control)及阳极处理有关的题目,分到物料质量部的人会被要求把与锂离子电池原理及失效模式有关的信息汇总成一份学习材料,而在生产质量部的人可能要花很多时间了解手机外壳点胶参数、保压治具设计的整套管控流程等。

第一次报告会在实习开始后的第三个月,除了部门学习进度外,我特别留意他们研究课题的进展和从中获取的技术知识的广度和深度。我认为每一个质量工程师,除了专业系统、标准、流程、表单外,还要有一定程度的专业知识。如果没有,那么遇到问题就无法深入分析,甚至连问题都不会问。我给他们的研究课题就是为了有机会评估他们有没有自己动手找资料的主动性和分析、汇总、做结论的综合潜力,这两项是质量工程师非常重要的素质。让人兴奋的是,每年我都能发掘几位优秀人才。直到今天,他们的表现都非常杰出。看到他们不断地成长,担负更重要的职责,我的内心实在充满喜悦。

勇于认错，勇敢无畏

热情和乐观会让你的力量倍增，勇气十足；勇于承认错误会让下属更爱戴你。

领导的热情和乐观在组织里产生的涟漪效应是不可忽视的，反之，讥讽和悲观的领导所带来的影响一样不可忽视。一个只会施压、批评的领导很容易把下属的热情和士气快速磨光。适时的称赞、拍拍肩膀会对员工产生莫大的鼓励。勇敢的领导者在实施变革时会将个人荣辱置之度外，更多地考虑失败所带来的其他后果。如果失败责任在自己要能勇于认错，认错和职位大小无关。事实上，职位越高的人认错所产生的团队凝聚效果是无法想象的。著名的美国企业领导者教练马歇尔·戈德史密斯（Marshall

Goldsmith）就曾经说过："人类的道歉十分神奇，既能愈合伤口，也能修复破裂的关系。"他同时也强调，道歉不是天生的，而是靠后天学习的。

认错并不可耻。古人云："人非圣贤，孰能无过？过而能改，善莫大焉。"勇于认错乃智者之举。历史上有名的"将相和故事"大家耳熟能详。除了蔺相如能够相忍为国，廉颇的登门请罪一样令人尊敬。西晋时的周处，当他恍然大悟发现自己是乡亲眼里的"三大害"之一时，能立时认错，痛改前非，不但替地方除去另外"二害"，后来还从军报国，立下赫赫战功。

真心认错是需要勇气的，尤其在上位者。中国古时候不乏帝王下罪己诏，印度阿育王向小沙弥赔罪，美国罗斯福总统曾在纽约市长任内因失察而向全体市民道歉，美国著名新闻主播丹·拉瑟（Dan Rather）也曾因使用没有经过完全确认的资料向全国人民道歉并引咎辞职。这些认错举动不但没有对他们造成伤害，反而赢得大家的称赞。因为是人就会犯错，权位高而能勇于认错，在常人看来，是非常难得的。我近30年的职场生涯，见过两位企业领导人在电视机前代表公司向全国人民认错：一位是福特汽车的CEO杰克·纳赛尔，一位是丰田的CEO丰田章男（Akio Toyoda）。前者因轮胎安全事件，后者因刹车问题，两者皆是质量问题，彼时二人是世界第二、第三大汽车公司负责人。面对错误，不齿于认错，方近乎勇。

第八章
质量管理者的领导力

我在富士康时，也曾因某款重要产品质量出问题而向整个事业群同仁道歉，并在办公室门上贴上大大的"耻辱"二字，激励下属，勇于改善，不再犯同样错误。我至今担任管理职务超过二十年，其间至少有三次向员工鞠躬道歉。我的父母从小教育我和弟弟，做错事要能勇于认错，方能真心悔改，几十年来我一直将其铭记于心，因此犯错道歉对我来说理所当然，没有内心冲突。

身为企业领导，为自身造成的错误向员工道歉，能让员工知道你不是高不可攀，而是和其他人一样，因而对你产生亲近感。道歉并不会损伤领导的权威，反而能促进和员工心灵上的沟通，跨建互信的桥梁。我相信大多数企业领导都知道这个道理，但不知是不是位置高了，顾忌也多了，很多人就是突破不了内心的障碍。

将问题简单化

优秀的领导几乎永远都可以将问题简单化。他们能通过争执、辩论和质疑，利用科学、系统、客观的方法，找到问题的根源，然后总结出让每一个人都能理解的解决方案。这样的领导者不但能让大家清晰地看到目标和价值，还能指出执行的优先顺序，目标清楚地引导团队的决策和行动，激励追随者。

可惜现实中很多领导者并不如此，他们喜欢把事情搞得很复杂，似乎不如此就显现不出他的能力或职位的重要性。我分析这主要有两个原因。

一是天赋不够。我认为"化繁为简"无关后天努力，而是与生俱来的。热力学第二定律（Second Law of Thermodynamics）就说到，在一个孤立系统中，乱度总是增加的，回忆大家读大学时的宿舍就会对此一目了然，所以化简为繁才是自然界的常态，能从复杂的情况中看出简单的趋势或逻辑不是一件简单的事，有了天赋还得加上后天不断地磨炼才行。我多年的职场生涯也只遇到寥寥几位领导具备这种能力。

二是故意。有些领导是极端聪明的，把组织、流程、事情搞得十分复杂，他们才好在这些毫无意义的复杂和琐碎中夺取权力、保护自己。当然把事情弄得复杂也有显示自己比别人更聪明的目的，这样的领导存在于所有的企业，他们的特征其实很明显——不信任任何人。他们喜欢控制员工的一举一动，僵化下属的思维，制造一大堆琐碎无聊的任务浪费员工宝贵的时间等。其结果是组织效率日益下降，员工离职率增加，而这些公司往往不能一下子找到问题的根源。

有人说制度规范的存在是不信任的产物，但企业不可能完全没有制度规范。能够化繁为简的领导总是站在信任下属的基础上，抓大放小，形成一套合乎人性的自然、合理、简单的管理方式。在处理问题时，也同样能教导员工从复杂的情况中看出简单的趋势。简单不是容易，能把复杂的事情简单化更不容易。

耐得住寂寞

好的质量领导要能耐得住寂寞。这一项不太像领导力,因为它不是工作中的行为模式,反而更像是一种人生态度、一种选择、一种自我的督促。这里谈的耐得住寂寞有两个方面:一种是为了物质的诱惑;另一个是为了做痛苦的决定。

企业里有几个职能是比较容易受到外界物质诱惑的,质量管理是其中之一。原因很简单,质量能卡住进、出货。一个能干有经验但操守不佳的质量经理能通过质量标准把供应商折磨得跳楼。因此,质量领导要如同从政为官者一样,面对物欲诱惑耐得住寂寞,这样才能以公正无私的态度执行工作。习近平总书记就曾说过:"要耐得住寂寞、守得住清贫。我刚当干部时就想明白了一个

第八章
质量管理者的领导力

道理,鱼和熊掌不可兼得,当干部就不要想发财,想发财就不要当干部。"做质量领导也得有这个觉悟,想发财就别干质量。

企业经营讲究"造物先造人",质量工作更是以培养人才为第一优先。在人才的选、育、用、留里,操守的培养和考核应是重点。领导本身要以身作则,正人先正己。如果耐不住寂寞,经不起物质诱惑,是培养不出好的人才的。

不管你属于什么类型的领导,创造了多么好的团队合作文化或管理模式,最终当你必须为公司的利益做出艰难的决定或选择时,你注定是寂寞的。当你能够习惯甚至享受寂寞时,困境中帮助你坚持到底的毅力就会增强。好的领导者私底下永远和下属保持一定的距离,以避免在重要决策时刻主次不分。欧美人做事讲求"法、理、情",也就是遇事法重于情。国人做事习惯"情、理、法",大多数情况下,"情"字总是凌驾于"法"之上。"法"就是标准,当你和属下、同事、供应商相处过于密切,遇上重大决定时,人情的压力往往会让你做出错误或偏差的有损企业利益的决定。

王国维先生在《人间词话》里说,古今之成大事业者,必经过三种境界:第一种是"昨夜西风凋碧树,独上高楼,望尽天涯路";第二种是"衣带渐宽终不悔,为伊消得人憔悴";第三种是"众里寻他千百度,蓦然回首,那人却在,灯火阑珊处"。第一种境界里的人能排除干扰,不为世俗所迷惑,能看到形势发展的方向，第二种境界里锲而不舍的坚毅性格和执着态度都和耐得住寂寞有关。由此可见，能成功立业者大都是孤独、执着、耐得住寂寞的，也唯有坚守住前面这两种境界，方能有第三种境界的喜悦。

如何耐得住寂寞？保持一份淡泊之心而已。

总结一下身为质量管理人的领导力：

1. 为人正直；

2. 目标明确，勇于负责；

3. 爱护、尊重下属；

4. 整体思维；

5. 勤思好学；

6. 乐观进取，百折不挠；

7. 勇于认错，勇敢无畏；

8. 从纷乱中快速简单化；

9. 淡泊名利。

后 记

　　总算写完了。本以为可以长长地舒一口气,心情也该轻松,可是却找不到这个感觉,反而有点沉重。沉重不是因为我担心它卖得好不好,这是出版社要担心的。我猜想这个沉重可能和这本书到底能给读者带来什么价值有关。也就是读者读了它真的能从中体会到我想传达的思维和理念吗?我的表达完整吗?我举的例子恰当吗?读者会不会误解呢?这些忧虑或许是普天下作者写完书后的共同反应,不过因为我是第一次写,也就无从得知了。

　　这本书没有谈到统计在质量管理上的应用,主要是这方面的书籍、资料太多了,在坊间、图书馆唾手可得。本书的重点是放在观念、思维上,不在实际应用。不过我要特别指出,统计学在许多方面不仅是管理数字的工具,更是一种思考方式、一种分析问题的方法。尤其是对付复杂的问题时,它可以让我们翻出问题的内核，揭示藏在底下的真相，因而可以帮助我们了解事情的本质。也许有一天我会尝试从统计的角度探索质量思维的另一个维度。

因为在国外求学、工作多年，对长期以来外国媒体、消费者批评"中国制造"质量差的情况感触特别深。写这本书也是希望唤起国人对质量的重视，重新赢回我们中国人的尊严，因而写之前就定位好这是一本写给所有中国人看的书。而它的最终目的就是告诉大家，质量不只是一份工作，也是一种信念，它同时也是企业的良心。

在此感谢庄惟婷、聂超的协助，他们除了细心校对原稿外，还提供了许多宝贵的建议。同时也感谢华夏和君的陶鹏兄，没有他不断的鼓励和督促，本书无法如此顺利出版。

最后谨以此书献给我的父母、妻子、两个女儿。感谢父母的养育之恩，妻子莹芬的支持和任劳任怨，以及一双可爱的女儿——蓉蓉和筠筠。没有他们，就没有今天的我。